Jörg Ahlbrecht

Finde deinen Lebensrhythmus

Über die Kraft eines ausgewogenen Lebens

Über den Autor

Jörg Ahlbrecht ist als Referent für Training und Ressourcen bei Willow Creek Deutschland beschäftigt. Vorher war er elf Jahre lang Pastor einer Baptistengemeinde. Neben seinen Aufgaben in der Gemeinde war er zehn Jahre lang als Journalist und Autor für verschiedene Radiosender in Deutschland tätig. Er lebt mit seiner Frau und den beiden gemeinsamen Töchtern in Weimar (Lahn).

Jörg Ahlbrecht

Finde deinen **Lebensrhythmus**

Über die Kraft eines ausgewogenen Lebens

GerthMedien

WILLOW

The mark of responsible forestry
FSC
www.fsc.org
FSC® C017859

Verlagsgruppe Random House FSC-DEU-0100
Das für dieses Buch verwendete FSC®-zertifizierte Papier
München Super Extra liefert Arctic Paper Mochenwangen GmbH.

1. Auflage 2011
Bestell-Nr. 816 865
ISBN 978-3-86591-865-9

Umschlaggestaltung: Hanni Plato
Umschlagfoto: Getty Images, Raimund Linke
Illustrationen: Mark Demel
Satz: Die Feder GmbH, Wetzlar

Für Andreas,
der mich immer wieder vor die Frage stellt,
wer von uns beiden der Sehende ist

Inhalt

Vorwort von John Ortberg 9
Danksagung 12
Einleitung 14

Teil 1: Rhythmus hat Power 23

1. Kapitel: Der blinde Jogger oder:
Die Kraft eines guten Rhythmus 25
2. Kapitel: Gott schuf Rhythmus 39
3. Kapitel: Der Verlust von Rhythmus 54
4. Kapitel: Wieder in den Rhythmus
zurückfinden 67

Teil 2: Praktische Übungen für einen
geistlichen Rhythmus 81

5. Kapitel: Das Lebenstempo ausbremsen –
das geistliche Journal 83
6. Kapitel: Ausschau nach Gott –
der Abendabschluss 102
7. Kapitel: Eine geschützte Zeit der Stille –
Klostertage 112
8. Kapitel: Sich selbst Grenzen setzen –
der Ruhetag 130

9. Kapitel: Wie das Leben gelingen kann –
in der Bibel lesen 142
10. Kapitel: Wahre Zufriedenheit erlangen –
Fasten und Feiern 165

Teil 3: Rhythmus missverstanden 179

11. Kapitel: Nicht der Rhythmus ist das Ziel,
sondern das Leben 181
12. Kapitel: Locker bleiben! 190

Teil 4: Das Ziel 197

13. Kapitel: Ewigkeit im Augenblick – die tägliche
Gegenwart Jesu in unserem Leben 199

Anmerkungen 215
Literaturliste 221

Vorwort

von John Ortberg

Die menschliche Seele zu entwickeln und zu gestalten ist das Wichtigste, was das Universum an großen Ereignissen zu bieten hat. Es ist nicht die Wahl großer politischer Führer. Nicht der Aufbau riesiger Finanzimperien. Nicht die Erfindung atemberaubender Technologien. Nicht die Naturgewalten, die die Entstehung und Zerstörung ganzer Galaxien verantworten. Es ist das Formen und der Aufbau von Charakter. Das menschliche Herz wird entweder von Arroganz oder von Demut beherrscht. Wir erleben entweder den glanzvollen Aufstieg des menschlichen Geistes oder seinen tragischen Zerbruch.

Der Blick auf einen Menschen eröffnet uns einen direkten Blick auf die Ewigkeit. Daher ist die Entwicklung einer menschlichen Seele der wichtigste Vorgang im Universum überhaupt. Dennoch verpassen wir dieses Drama und wenden uns Törichtem und Nutzlosem zu – denn es kommt oft undramatisch und unauffällig daher:

Ein Kind wird auf dem Spielplatz gehänselt. Ein Jugendlicher erfährt Beachtung und Ermutigung durch einen Lehrer. Eine Freundin zieht die andere in einen Strudel von Klatsch und Tratsch. Eine alleinerziehende Mutter beschließt, ihre Kinder zur Hilfe für die Flutopfer in Pakistan zu motivieren. Ein einsamer Geschäftsmann hält im Hotelzimmer die Fernbedienung des Fernsehers in der Hand und hasst diese Sucht, von der niemand weiß.

In solchen Momenten geschieht etwas, das den Bau der Pyramiden und die künstlerische Gestaltung der Sixtinischen Kapelle wie unwichtiges Geplänkel erscheinen lässt. Denn hier geht es um menschliche Seelen und vor ihnen liegt entweder eine Ewigkeit von unvorstellbarer Herrlichkeit oder unwiederbringlichem Verlust. Darum muss uns ganz klar sein: Es gibt nichts Wichtigeres als die menschliche Seele.

Die Gemeinde ist in der „Seelenbetreuungsbranche" tätig. Aber der Weg, den wir bisher zur Erfüllung dieser Aufgabe eingeschlagen haben, bringt uns nicht dorthin, wo Gott uns haben möchte. Wir haben zu viele „unjüngerhafte" Jünger. Wir haben zu viele Gemeindeglieder, die geistliches Wachstum immer noch mit der strikten Einhaltung biblischer Regeln gleichsetzen. Wir haben den Menschen gewisse Verhaltensmuster aufgezwungen, anstatt ihnen zu helfen, in der Wirklichkeit der Nähe Gottes zu leben. Wir haben versucht, Menschen – nach unseren Anweisungen – bestimmte Aufgaben abarbeiten zu lassen, anstatt sie bei ihrer Suche nach ihrem ganz eigenen Rhythmus und vor allem ihren ganz eigenen Wünschen zu unterstützen. Wir haben uns abgefunden mit der Vermeidung von Skandalen, dogmatischer Rechtgläubigkeit, Seriosität, Gemeindeengagement und Sündenmanagement, anstatt uns ernsthaft um die geistliche Reife derer zu bemühen, mit denen wir zusammenarbeiten und -leben. Wir haben die falschen Vorbilder für geistliche Reife gewählt. Und das Resultat sind Persönlichkeiten, die zwar „gemeindlich erfasst" sind, denen aber die Veränderung fehlt, die nur durch das Wirken des Heiligen Geistes geschieht. Und damit fehlt ihnen das echte, das wirkliche Leben.

Aber das kann sich ändern. Wir können Menschen dazu verhelfen, in der Gegenwart Jesu zu leben. Und diese Gegenwart birgt ein Veränderungspotenzial, an das keine Macht der Welt herankommt. Wenn wir Menschen darin unterstützen, ihren eigenen Rhythmus zu finden und so ihr Leben regelmäßig für die Gegenwart Christi zu öffnen, öffnen wir ihnen damit die Tür zum Besten, was überhaupt möglich ist.

Dieses Geschenk möchte Jörg Ahlbrecht uns mit seinem Buch machen. Sicherlich wird die Geschichte des blinden Joggers Andreas Sie ebenso bewegen wie mich. Gemeinsam können wir lernen, was es heißt, unseren Weg in blindem Vertrauen zu gehen (und manchmal auch zu joggen), anstatt auf falsche Sicherheiten zu setzen.

John

Danksagung

Viele Menschen haben zur Entstehung dieses Buches beigetragen, manche, ohne es zu wissen. Mit dem, was ich denke, sage und schreibe, stehe ich auf dem Grund der Gedanken und der Arbeit von vielen Menschen, die mich gelehrt, geprägt, inspiriert und begeistert haben. John Ortberg und Dallas Willard möchte ich an dieser Stelle besonders erwähnen, denn durch ihre Gedanken wurden mein Leben, mein Denken und mein Glauben wesentlich beeinflusst. Vieles von dem, was sie gesagt oder geschrieben haben, klingt in meinem Leben und damit auch in diesem Buch nach. Dafür bin ich ihnen zu großem Dank verpflichtet.

Daneben gibt es viele Menschen, die mich unterstützt, ermutigt, angestoßen und begleitet haben. An dieser Stelle kann ich nur wenige nennen: Danke, Mark, dass du immer wieder darauf bestanden hast, dass Gott mir all diese Geschichten aus einem besonderen Grund gibt – und in deiner Begeisterung hast du gleich noch ein paar Illustrationen beigesteuert. Von ganzem Herzen: Danke! (Thanks, Mark, for insisting that God is giving me all these stories for something – and in your excitement you have added some wonderful illustrations. Thank you so much.)

Danke, Uli Eggers, für deine Wertschätzung, ohne die ich vielleicht nicht den Mut aufgebracht hätte, überhaupt ein Buch zu schreiben.

Danke, Ralf Markmeier, dass Sie mir keine Ruhe gelassen und als Verleger mit großem Enthusiasmus an dieses Projekt geglaubt haben. Danke, Nicole und Kai, für die Begleitung als Lektoren. Nicole, ich hatte ja keine Ahnung, wie viel Engagement und Liebe du in dieses Manuskript investieren würdest. Wow! Danke! Danke, Petra, Robert und Rosi, für das kritische Durchsehen des Manuskriptes und das gute Feedback.

Danke, Jo und Ruthild, für eure Freundschaft, eure Gebete, eure Ermutigung und für euer Feriendomizil, das ihr mir zum Schreiben zur Verfügung gestellt habt. Es ist ein Geschenk, Freunde wie euch zu haben.

Ich möchte meinen Eltern danken, die mir die Freiheit gaben, den Weg einzuschlagen, an den ich glaubte – auch wenn sie davon zunächst nicht überzeugt waren. Danke für eure Liebe, für den Rahmen, den ihr meinem Leben gegeben habt, und für den Rhythmus, den ihr mich gelehrt habt.

Und zuletzt gilt mein größter Dank meinen beiden Töchtern und meiner Frau Andrea. Ronja und Hanna, es ist für mich das größte Vorrecht auf Erden, euer Papa zu sein. Danke, dass ihr durch euer Dasein mein Leben so reich macht. Danke, dass ihr mir erlaubt habt, die Geschichten zu erzählen, in denen ihr eine Rolle spielt. Und dir, Andrea, meine schöne, kluge und treue Weggefährtin: Danke für deine hingebungsvolle Unterstützung und deine unfassbare Liebe. Danke für deinen Beitrag zu diesem Buch – ohne ihn wäre es nicht gegangen. Danke, meine Gefährtin, meine Geliebte, meine Freundin, meine Frau!

Einleitung

Zwei Menschen fangen mit dem Joggen an. Beide treibt der Wunsch an, etwas für ihre Fitness zu tun. Beide möchten einen gesunden und trainierten Körper haben. Also nehmen sie sich vor, zweimal in der Woche zu laufen. Der Anfang ist bei beiden verheißungsvoll. Doch nach einigen Wochen findet der eine von ihnen immer neue Gründe, warum er gerade nicht joggen gehen kann. Zum Beispiel das Wetter. Es könnte regnen oder gar ein Gewitter geben. Es ist zu schwül oder zu kalt, es wird zu früh dunkel, oder im Wald könnte Windbruch sein! Außerdem zieht es im Rücken, es drückt im Knie, es kratzt im Hals – und ausgerechnet heute sind seine Beine so schwer! Während der eine tausend Gründe findet, warum er nicht laufen geht, schnürt der andere weiterhin seine Laufschuhe – und läuft.

Was unterscheidet diese beiden Menschen voneinander? ***Warum gibt der eine auf, während der andere durchhält?***

Zwei Menschen wollen lernen, Saxophon zu spielen. Sie lieben den Klang dieses Instrumentes und hören sich oft CDs von Künstlern an, die es beherrschen. Die Musik begeistert sie und bringt sie zum Träumen. Sie sind überzeugt: So möchten sie dieses Instrument auch spielen können, und schaffen sich ein Saxophon an. Beide nehmen Unterricht und stürzen sich mit großem Enthusiasmus ins Üben. Sie erlernen die Grundbegriffe, sie beginnen mit Fingerübungen und Übungsstücken.

Doch nach einem halben Jahr beginnt der Übungswille des einen zu erlahmen. Immer seltener greift er zwischen den Übungsstunden nach dem Instrument und bricht schließlich den Unterricht ab. Nur wenige Wochen später ist der eine Koffer mit dem Instrument nur noch ein weiterer Staubfänger auf dem Dachboden. Der andere Musikschüler dagegen übt weiter. Er macht Woche für Woche seine Übungen, kämpft sich unermüdlich voran und wird schließlich zu einem passablen Spieler.

Warum gibt der eine auf und der andere nicht? Beide standen vor den gleichen Aufgaben und Herausforderungen.

Zwei Menschen entscheiden sich für den Glauben an Gott. Sie begreifen, dass Gott sie leidenschaftlich liebt und dass seine Gnade unermesslich ist. Sie spüren, dass dieser Gott das Beste ist, was ihnen im Leben begegnen kann. Und so beginnen beide hoffnungsvoll und begeistert ihren Weg des Glaubens. Sie wollen Jesus folgen. Sie wollen seinem Beispiel nacheifern, wollen seine Schüler sein. Sie versuchen, so zu leben, wie er es vorgelebt hat. Sie lesen in der Bibel, sie beten viel. Aber im Laufe der Zeit lässt bei einem von beiden die anfängliche Begeisterung nach. Das Leben bringt Herausforderungen mit sich, in denen der Glaube keine Hilfe zu sein scheint. Und so beginnt er zunächst langsam, jedoch stetig abzudriften und den eingeschlagenen Weg zu verlassen. Der andere bleibt dran. Zwar wird auch er vor eine ganze Reihe von schwierigen Situationen gestellt, und für kurze Zeit verliert auch er die Richtung aus dem Blick, aber letztlich kehrt er doch wieder auf den eingeschlagenen Weg zurück.

Warum ist das so? Warum bleibt der eine am Ball und der andere nicht? Worin liegt hier der Unterschied?

Was ist es, das die einen dazu bringt aufzugeben, andere hingegen durchhalten lässt? Was ist es, das die einen all ihre Vorhaben über Bord werfen und ihr Ziel aufgeben lässt, während andere dranbleiben und im Laufe der Zeit Unglaubliches erreichen? Ich finde, das ist eine überaus spannende Frage.

Hat es etwas mit den Genen zu tun? Gibt es ein „Durchhalte-Gen", und wer es nicht hat, der wird dieses Buch nie zu Ende lesen? Liegt es an der Erziehung, die ein Mensch genossen hat? Hat der eine im Elternhaus eben mehr Disziplin mitbekommen als der andere? Oder ist es eine Frage der Willensstärke? Unterscheiden wir hier zwischen schwachen und starken Menschen? Hat es mit den Verhältnissen zu tun, in denen ein Mensch lebt, mit dem Umfeld und den Rahmenbedingungen? Spielt hier sogar alles zusammen? Oder gibt es gar keinen Grund – ist das Ganze einfach nur Zufall? Der eine hat es und der andere hat es eben nicht?

Was lässt Menschen durchhalten? Diese Frage ist für mich nicht nur theoretischer Natur. Sie ist existenziell. Sie betrifft mein Leben. Die Antwort auf diese Frage entscheidet darüber, ob *ich* durchhalten werde oder nicht. Ob *ich* scheitern werde oder nicht.

Anfänger sein

Soll ich Ihnen etwas verraten? Ich bin ein Anfänger! Ich bin sogar ein grandioser Anfänger. Ich liebe es nämlich, Dinge anzufangen. Ich mag es einfach, Neues zu beginnen. Wie hat Hermann Hesse so treffend gedichtet: „In jedem Anfang wohnt ein Zauber inne ...“[1] Dies ist mein Credo.

Was habe ich im Leben nicht alles angefangen! Ich habe Bilder begonnen und nicht zu Ende gemalt. Bastelprojekte angefangen, aber nicht vollendet. Bücher angelesen und irgendwann zur Seite gelegt. Unzählige Diäten habe ich im Kampf gegen den kleinen Pummeligen begonnen, der mich da im Spiegel anblickt, aber er ist immer noch da.

In der Schule und während des Studiums habe ich begonnen, Sprachen zu lernen, die ich heute nur noch fragmentarisch beherrsche. Ich bin Freundschaften eingegangen und habe irgendwann bemerkt, dass sie mir abhandengekommen sind. Ich habe Artikel begonnen, die immer noch darauf warten, zu Ende geschrieben zu werden.

Ich bin ein grandioser Anfänger.

Anfangen ist nicht schwer – aber wie vollendet man? Wie hält man durch? Was hilft einem Menschen dabei, einen Weg auf lange Zeit beständig zu gehen? Oder um es auf den Punkt zu bringen: Was hilft mir dabei, ein beständiges Leben mit einem beständigen Glauben zu führen? Mich interessiert besonders die Frage nach dem Glauben, denn er ist die zentrale Wirklichkeit meines Lebens, das Zentrum, aus dem ich lebe.

Der Apostel Paulus vergleicht in seinem 1. Brief an die Korinther das Leben mit einem Wettlauf. Er verwendet ein Bild aus den antiken Wettspielen und schreibt:

„Ihr wisst doch, dass an einem Wettlauf viele teilnehmen, aber nur einer bekommt den Preis, den Siegeskranz. Darum lauft so, dass ihr den Kranz gewinnt.“[2]

Lauft so, dass ihr gewinnt! Was bedeutet das? Wie läuft man, wenn man gewinnen will?

Wer gewinnen will, wird nicht nachlässig an den Lauf herangehen. Er wird im Vorfeld und während des Laufes alles tun, was seinem Ziel dient. Er wird sich gut vorbereiten – und er wird während des Wettkampfes alles geben. Und wer am Ziel ankommen will, der muss sich fragen, wie es ihm gelingen kann durchzuhalten. Es nutzt mir nichts, wenn ich die ersten fünf Kilometer in Rekordzeit laufe, das Rennen aber über zehn Kilometer geht. Es interessiert niemanden, wie schnell ich am Anfang war, wenn ich das Ziel nicht erreiche.

Also: Wie kann ich durchhalten? Welches Tempo kann ich schaffen? Wie komme ich bis ins Ziel?

Darüber könnte man mit Sicherheit mehr als ein Buch schreiben. Aber unter all den Faktoren, die in diesem Bereich eine Rolle spielen, ist mir ein Thema besonders aufgefallen, und darauf möchte ich mich in den folgenden Kapiteln konzentrieren.

Menschen, die durchhalten, sind Menschen mit einem gesunden, ausgewogenen Lebensrhythmus. Ihr Leben ist keine Aneinanderreihung von kurzatmigen Kraftakten, sondern ein weises, dauerhaftes, regelmäßiges Trainieren, aus dem eine große Kraft erwächst!

Es geht mir in diesem Buch um Rhythmus. Um Lebensrhythmus. Um Glaubensrhythmus. Ich bin nämlich heute mehr denn je überzeugt, dass darin eine weitgehend unterschätzte Kraft liegt. Eine Kraft, die viele Menschen enorm weiterhelfen könnte, wenn sie sie denn entdecken würden.

Immer wieder bin ich in den vergangenen Jahren beim Lesen, in Begegnungen, in Gesprächen und Diskussionen auf dieses Thema gestoßen.

Als ich vor einigen Jahren „Das letzte Tagebuch" des holländischen Theologen Henri Nouwen las[3], staunte ich darüber, wie oft er das Abendmahl feierte – als Katholik sprach er immer von der Heiligen Kommunion. Nahezu an jedem Tag spielte diese geistliche Erfahrung in seinem Leben eine Rolle. Nouwen hatte für sein Leben einen Rhythmus entwickelt, in dem er täglich Jesu Gegenwart im Abendmahl feierte. Wo auch immer er war, ob zu Hause oder auf Reisen, gleichgültig, ob er mit guten Freunden beisammensaß oder mit flüchtigen Bekannten – Nouwen feierte mit ihnen Abendmahl. Diese Handlung gab ihm einen Rhythmus. Sie gab seinem Leben einen Bezugsrahmen. Immer wieder kehrte er zu dem Gedanken der Einheit mit Christus zurück, erfasste ihn, schmeckte ihn, nahm ihn in sich auf und teilte ihn mit anderen. Und so wurde aus Henri Nouwen ein Mensch, der mit großer innerer Tiefe Millionen anderer Menschen inspiriert hat.

Oder Dietrich Bonhoeffer. Er selbst schrieb in seinen Briefen aus der Gefangenschaft, in der Zeit, als er in Berlin inhaftiert war, dass er nur deshalb nicht verzweifelte, weil er seinen Arbeitsrhythmus aufrechterhielt.[4] Obwohl es nicht nötig war, stand er jeden Morgen um 6:00 Uhr auf und begann zu arbeiten. Er las, er schrieb, er forschte. Immer wieder gelang es seiner Familie und seinen Freunden, ihm Bücher zukommen zu lassen, und das hielt ihn am Leben. Es war dieser Rhythmus, der ihm half, die besonderen Umstände seiner Haft zu ertragen. Und er sagte selbst, dass sein Leben aus dem Ruder gelaufen wäre, hätte er sich treiben lassen.

Der amerikanische Philosophie-Professor Dallas Willard schließlich brachte mich vollends auf diese Spur, als er darüber schrieb, dass auch das Leben Jesu einem verborgenen Rhythmus gefolgt war. Dieser hatte sein Leben um regelmäßige Übungen herum eingerichtet: Er ging regelmäßig in die Stille und in die Einsamkeit. Er fastete und er besuchte regelmäßig die Synagoge. Und wenn wir Jesus nachfolgen wollen, so bedeutet dies, dass wir ihm auch in diesem Punkt nachfolgen. Es bedeutet, dass wir auch von dem verborgenen Leben Jesu lernen.[5]

Um es noch einmal zu wiederholen: Menschen, die durchhalten, haben erfahrungsgemäß einen guten Lebensrhythmus entwickelt. Ihr Leben baut nicht auf einer Serie von kurzatmigen Kraftakten auf, was der Grund ist, warum ihnen auf lange Sicht auch nicht die Puste ausgeht. Ihr Leben hat einen soliden, stabilen Rhythmus. Ihr Körper, ihre Seele und ihr Geist leben in diesem Rhythmus. ***Und der Glaube wird gespeist und genährt aus „heiligen Gewohnheiten", die langsam, aber stetig ihre Kraft entfalten.***

Wie müsste mein Leben aussehen, wenn es diesen Tatsachen Rechnung trägt? In den vergangenen Jahren habe ich viele Impulse dazu gelesen, ausprobiert und verändert. Ich habe begonnen, die Kraft eines guten Rhythmus für mich selbst zu entdecken – und ich bin immer noch begeistert unterwegs und auf der Suche nach Neuem.

Solange man die vierzig noch nicht überschritten hat, gibt man sich häufig der Illusion hin, die eigene Kraft reiche ewig. Mit jugendlichem Elan und mit Begeisterung ist vieles zu bewegen. Und das hat ja auch seinen eigenen Charme. Aber auf Dauer reichen diese kurzatmigen Kraftakte eben doch nicht aus. Irgendwann geht uns die Puste aus. Darum ist es weise, schon früh nach einem guten Rhythmus zu fragen. Nach Dauerhaftigkeit zu streben. Klug und umsichtig die Übungen auszuwählen, die uns persönlich weiterbringen und die uns dabei helfen, dass unser Leben in einer stabilen Bahn bleibt.

Wie sieht die Kraft aus, die ein guter Rhythmus mit sich bringt? Wie hat Gott sich Leben und Rhythmus gedacht? Wie kann es uns gelingen, unser Leben zu ändern, wenn es seinen Rhythmus verloren hat? Welche Übungen können uns dabei helfen? Welche Fehler sollten wir vermeiden? Und schließlich: Was ist das Ziel des Ganzen?

Darum soll es auf den folgenden Seiten gehen. Ich möchte Sie mit auf meine ganz persönliche Reise nehmen. Und ich würde mich riesig freuen, wenn Sie mich dabei ein wenig begleiten. Ich schreibe in der Hoffnung, dass das, was ich erlebt habe, auch Ihnen weiterhilft.

Dass Sie sich in den Geschichten, die ich zu erzählen habe, wiederfinden und dass Sie dadurch auf Ihre ganz eigene Reise hin zu einem stabilen, gesunden Lebensrhythmus gehen oder Ihren schon begonnenen Weg fortsetzen.

Oberweimar, im August 2010
Jörg Ahlbrecht

Teil 1

Rhythmus hat Power

Kapitel 1

Der blinde Jogger oder: Die Kraft eines guten Rhythmus

Um zu Gott zu kommen, braucht man weder
Klugheit noch Wissenschaft, sondern nur ein Herz,
das entschlossen ist, sich um nichts zu kümmern
als um ihn und nichts zu lieben außer ihm.
Bruder Lorenz[6]

Die feste Gewohnheit wird nur unter Schmerzen
in uns zuwege gebracht.
Bruder Lorenz[7]

Ich jogge regelmäßig und begegne auf meinen Runden immer wieder einmal einem bestimmten Mann. Er ist ungefähr in meinem Alter, aber im Gegensatz zu mir ist er geradezu unverschämt fit. Eng anliegende Laufsachen, weit und breit kein Gramm Fett in Sicht. Er bewegt sich wie eine Katze – elegant, fließend, kraftvoll. Sein Kopf ist glatt rasiert, sein Blick konzentriert nach vorn gerichtet. Alles an ihm scheint sich ganz auf das Laufen zu fokussieren. Es ist eine Wonne, ihm zuzusehen. Der Mann joggt, wie Präsident Obama geht!

Früher habe ich ihn jedes Mal, wenn wir uns begegnet sind, nach Jogger-Art stumm gegrüßt. Habe kurz die Hand gehoben und ihm freundlich zugenickt. Aber er hat nie geantwortet. Auch nicht die leiseste Andeutung eines Nickens war zu sehen. Stattdessen hat er konzentriert weiter auf den vor ihm liegenden Weg gestarrt.

Nun gehöre ich sicherlich nicht zu den Menschen, die jahrelang beleidigt sind, weil sie mal nicht gegrüßt wurden. Aber diese kontinuierliche Missachtung meiner Person fraß sich dennoch in mein Selbstbewusstsein.

Ich weiß nicht, ob mein beleidigter Stolz innerlich aufheulte oder ob es der gute alte Neid war, der böse auf diesen durchtrainierten Körper schielte – vielleicht hatte ich auch einfach nur Minderwertigkeitskomplexe angesichts dieser Sportlichkeit –, auf alle Fälle begann ich im Laufe der Zeit, sehr unchristliche Gefühle für diesen Mann zu entwickeln.

Du miese, arrogante Socke. Dass du so fit bist, gibt dir noch lange nicht das Recht, mich in meiner – zugegebenermaßen „ausbaufähigen" – Sportlichkeit einfach zu übersehen, dachte ich.

Natürlich habe ich ihn als „guter" Christ auch weiterhin stumm gegrüßt. Ich dachte dabei an die Aussage Jesu, dass ein solches Verhalten feurige Kohlen auf seinem glatt rasierten Haupt sammeln würde – und das habe ich mir dann beim Weiterjoggen auch bildlich vorgestellt. Jesus hat zwar gesagt: „Liebet eure Feinde!" – von arroganten Joggern war aber nie die Rede!

Eines Tages trafen wir uns an einer Stelle, an der der Feldweg sehr schmal war, weil er über die Brücke an einem kleinen Bach führte. Er lief bergauf, ich lief bergab (ich laufe immer bergab). Plötzlich blieb er abrupt stehen! Ich war darüber so geschockt, dass ich vor lauter Schreck ebenfalls das Laufen einstellte. Obwohl wir uns sehr dicht gegenüberstanden, würdigte mich mein Gegenüber immer noch keines Blickes. Er drehte nur langsam seinen Kopf, als würde er die Umgebung scannen, und sagte dann vorsichtig fragend: „Hallo?!"

Zum ersten Mal hatte ich mehr als die paar Sekunden im Vorbeirennen, um den Mann zu betrachten. Und in diesem Augenblick sah ich, dass er etwas in der Hand hielt. Es war ein kleines Bündel aus weißen Röhren, die man zu einem Stab zusammenstecken konnte – einem weißen Stab. Ganz langsam kämpfte sich in meinem Hirn eine Erkenntnis nach oben. Eine Erkenntnis, die mir unglaublich schien, die aber irgendwie nicht von der Hand zu weisen war. Also fragte ich: „Sind Sie blind?"

Seine Antwort kam prompt: „Jaaa!"

Mein Verstand wehrte sich immer noch dagegen, zu begreifen, was offensichtlich war. Ich konnte es einfach nicht fassen.

„Und Sie joggen?????"

Wieder war seine Antwort knapp: „Ja!" Und dann fügte er freundlich hinzu, als sei es das Selbstverständlichste von der Welt: ***„Ich hab's an den Augen, nicht an den Beinen!"***

Gut! So hatte ich das Ganze noch gar nicht gesehen. Ich war fasziniert und konnte die beiden Vorstellungen einfach nicht zusammenbringen: Da rennt einer durchs Feld und kann nichts sehen.

Ich musste einfach noch mal nachfragen: „Sehen Sie gar nichts?" „Nein, ich bin hundert Prozent blind."

Ganz allmählich begann die Neugier das Tauziehen mit meinem Staunen zu gewinnen. „Wie machen Sie das?"

In diesem Moment lächelte mein Gegenüber zum ersten Mal. Offensichtlich machte ihm meine Verblüffung Spaß. Es war ein freundliches, warmes, offenes Lächeln. Er erklärte: „Ich laufe diese Strecke jeden Tag – schon seit Jahren. Dabei laufe ich immer mit einem Fuß auf dem Gras und mit dem anderen auf dem Kies. So spüre ich, wann der Weg eine Biegung macht oder wann andere Wege abgehen. Auf diese Weise weiß ich eigentlich immer ziemlich genau, wo ich bin!"

Ich war völlig beeindruckt. Noch ehe ich darüber nachgedacht hatte, hörte ich mich schon sagen: „Wäre es wohl möglich, dass ich Sie ein Stück begleite? Ich würde gerne mehr darüber erfahren, wie Sie das hinbekommen!"

Seine Antwort klang erfreut. „Natürlich. Ich habe mir immer mal gewünscht, dass jemand mit mir läuft. Aber die meisten verlieren schnell das Interesse, wenn sie mitkriegen, dass ich blind bin."

Wenige Momente später joggten wir zusammen los.

Bergauf!

Andreas, so hieß er, entpuppte sich als ein warmherziger, netter, aufgeschlossener Mensch, der alles andere als arrogant war. Er hatte eben nur nie gesehen, wie ich ihn gegrüßt hatte. Wie auch?! Er erzählte aus seinem Leben, von seiner Blindheit, von seiner Freude am Laufen – und ich hörte zu! Zu mehr hätte ich auch gar keine Luft gehabt! Ich erfuhr, dass er auf einem seiner Augen von Geburt an blind war. Das andere verlor immer mehr an Sehfähigkeit. Und seit vier Jahren war er nun völlig blind – hundert Prozent Dunkelheit. Dennoch rannte er jeden Tag diese Strecke, und das schon seit vielen, vielen Jahren. Und er wirkte auf mich keineswegs, als sei er in irgendeiner Weise eingeschränkt – eher das Gegenteil war der Fall. Der Mann strotzte nur so vor Energie und Lebensfreude.

Unterwegs kam mir plötzlich der besorgte Gedanke, dass ich vielleicht vorher lieber hätte fragen sollen, wie weit er so lief. Meine Hausstrecke umfasst nicht viel mehr als fünf Kilometer, ab acht Kilometern bekomme ich Visionen von einem Rollator, und ab zehn Kilometern brauche ich ein Sauerstoffzelt. Aber Andreas hatte an diesem Tag offensichtlich viel vor. Den ersten Abschnitt kannte ich noch gut. Aber dann verließen wir das mir bekannte Terrain und irgendwann hatte ich völlig die Orientierung verloren. Ich dachte, dass meine Frau sich jetzt sicherlich langsam Sorgen machte, wo ich denn bliebe. Und wenn wir nun noch viel weiter liefen, würde ich mir ebenfalls langsam Sorgen machen, wo ich denn bleibe.

Irgendwann kamen wir bei einer Grillhütte raus, und ich wusste plötzlich wieder, wo wir waren. An der nächsten Kreuzung kannte ich mich aus. Ich lief nach rechts, Andreas nach links.

Ich blieb stehen. „Hey, wir müssen hier rechts!"

„Nein!" Andreas schüttelte seinen glatt rasierten Kopf. „Wir müssen hier links!"

Aber ich ließ nicht locker (schließlich wusste ich ja nun, wo wir waren). „Wir müssen hier rechts!"

Doch Andreas blieb stur! „Nein, wir müssen hier links!"

Nun wollte ich mich nicht mit ihm streiten. Also blickte ich ratlos meinen Weg entlang – und in diesem Moment entdeckte ich, dass wir nach links mussten ...

Andreas hatte völlig recht. Ich hatte mich vertan. Ich konnte mich bedingungslos der Führung dieses blinden Joggers anvertrauen. Er brachte mich sicher nach Hause. (Ich musste zwar künstlich beatmet werden, aber ich war zu Hause.)

So unglaublich die Geschichte von Andreas auch ist – sie ist wirklich wahr. Und ich erzähle sie deshalb am Anfang dieses Buches, weil sie anschaulich zeigt, welche Kraft ein gesunder Rhythmus birgt. Was hatte diesen blinden Mann in die Lage versetzt, im Feld zu joggen? Was half ihm, mit solcher Gewissheit seinen Weg zu finden? Und was gab ihm den inneren Rückhalt, sich selbst durch mich, der ich sehen kann, nicht verunsichern oder irritieren zu lassen?

Erinnern Sie sich, was er sagte?

„Ich laufe diese Strecke jeden Tag – schon seit Jahren."

Die tägliche Wiederholung über einen langen Zeitraum hatte in seinem Leben eine enorme Kraft entfaltet. Eine solche Kraft, die es ihm als Blinden sogar ermöglichte, mich – den vermeintlich Sehenden – zu führen.

Andreas hatte einen festen Rhythmus! Und mit Rhythmus meine ich: Er tat ganz regelmäßig das Gleiche, und zwar über einen langen Zeitraum. Er lief täglich – jahrelang. Egal, welches Wetter herrschte, egal, wie er sich fühlte – er ging hinaus auf die Laufstrecke. Das hat seinen Körper enorm gestählt. Er hat durch das Laufen Muskeln aufgebaut, ein stabiles Immunsystem entwickelt und ganz nebenbei alles überflüssige Fett verbrannt. Und was seinem Körper guttat, stärkte noch viel mehr seinen Geist! Durch das tägliche Laufen hat sich die Laufstrecke quasi in sein Gehirn eingebrannt und dadurch entstand im Laufe der Zeit eine innere Landkarte. Dieser Karte konnte er folgen. Dieser Karte konnte er sich bedingungslos anvertrauen. An dieser Karte konnte er festhalten, selbst gegen die Einwände eines Sehenden, der meinte, es besser zu wissen.

Dies ist die Kraft von Regelmäßigkeit und Wiederholung – dies ist die Kraft von Rhythmus. Andreas überlegt nicht jeden Tag aufs Neue, ob er laufen soll oder nicht. Er läuft einfach. Es ist eine gute Gewohnheit geworden. Und diese Gewohnheit entfaltet nun eine enorme Kraft in seinem Leben. Eine Kraft, die weitaus stärker ist als das körperliche Defizit, das er hat!

Einige Wochen später traf ich Andreas im Supermarkt. Ich war auf der Suche nach Mandeln für mein Müsli und konnte sie einfach nicht finden. Plötzlich stand Andreas vor mir. Wir begrüßten uns, flachsten ein bisschen herum, und schließlich wollte er wissen, was ich denn im Supermarkt kaufen wollte. Ich erwähnte kurz mein Problem mit den Mandeln. Da drehte Andreas sich um, ging ein paar Schritte den Gang hinunter, griff nach unten in ein Regal und drückte mir breit grinsend eine Tüte Mandeln in die Hand. Wieder konnte ich kaum fassen, zu was er da in der Lage war.

„Andreas, wie machst du das?"

Seine grinsende Antwort hätte ich mir eigentlich denken können: „Ich übe jeden Tag!"

Wer jeden Tag übt, wird jeden Tag ein kleines bisschen stärker. Aber dies scheint heute mehr und mehr in Vergessenheit geraten zu sein. Wir leben in einer Zeit, in der die Abkürzung Hochkonjunktur hat. Wir wollen vieles möglichst schnell. Egal, was wir tun, wir wollen so bald wie möglich Resultate sehen. Und das führt zu einem Lebensstil, der überwiegend auf kurzatmige Kraftakte setzt.

Wir versuchen, aus dem Moment heraus ein Ergebnis zustande zu bringen. Für mehr ist keine Zeit – und meist auch keine Geduld. Schnell soll es gehen. Möglichst sofort geschehen. Aber wir zahlen für dieses Verhalten einen hohen Preis! Denn uns steht dann oft nur wenig Kraft zur Verfügung, die wir aus dem Moment heraus mobilisieren können.

Mein Vater arbeitete viele Jahre als Konstrukteur in einem Kunststoffunternehmen. Wenn früher ein Autozulieferer ein Teil in Auftrag gab, dann dauerte der Prozess vom Auftrag bis zur Fertigung meist mehrere Wochen. In dieser Zeit konnte man alles in Ruhe durchdenken, Ideen mit Kollegen durchsprechen und alle anfallenden Probleme lösen. Die Post mit den Entwürfen ging hin und her und benötige dafür mehrere Tage – Zeit genug, um Tests zu machen, Fehler aufzudecken, Schwachstellen zu identifizieren und auch mögliche Folgeprobleme mit zusammenhängenden Bauteilen herauszufinden und auszuräumen.

Heute werden diese Aufträge per Videokonferenz und E-Mail vergeben. Innerhalb weniger Tage, manchmal sogar Stunden, müssen die Konstrukteure Probleme lösen, für die sie früher mehrere Wochen Zeit hatten. Wundert es da noch jemanden, dass plötzlich Autohersteller wie Toyota, die eigentlich für Qualität bekannt sind, Millionen von Fahrzeugen zurückrufen müssen, weil man ein schwerwiegendes Problem entdeckt hat?

Viele kurzatmige Kraftakte werden gestemmt, um dem Auftrag gerecht zu werden und zu einem schnellen Ergebnis zu kommen. Aber darüber wird ein kontinuierliches langsames Aufbauen von Kraft und Leistung vernachlässigt. Und das rächt sich, da das Ganze auf Kosten der Qualität geht – und das gilt nicht nur für die Industrie.

Wer versucht, sein Leben auf einer Abfolge von kurzatmigen Kraftakten aufzubauen, der wird vielleicht erfolgreich sein, solange er den Vorteil der Jugend auf seiner Seite hat. Die Zeit, in der die Energie unbegrenzt zu sein scheint, in der alles möglich ist und das Leben scheinbar kein Ende hat. In dieser Zeit hält man sich für unbesiegbar – das Leben liegt ja noch vor einem und man hat so viel Energie.

Aber ab der Mitte des Lebens ändert sich das. Langsam wird man sich bewusst, dass der eigene Kraftspeicher eben nicht unbegrenzt ist und dass man manche Ziele wohl nicht mehr erreichen kann. Mir wurde beispielsweise im Alter von dreiundvierzig Jahren plötzlich klar, dass ich es vermutlich nicht mehr in die Fußballnationalmannschaft schaffen würde. Als ich meiner Frau von dieser Erkenntnis erzählte, lachte sie nur. Sie wusste das wohl schon länger! Je älter man wird, desto mehr Energie ist nötig, um die kurzatmigen Kraftakte zu stemmen. Und die Zeit, die man zur Erholung braucht, nimmt immer mehr zu.

Wer weise leben will, hat eher früher als später einen Rhythmus entwickelt, der ihm auf lange Sicht dauerhafte Leistung ermöglicht – auch wenn er am Anfang vielleicht langsamer vorankommt. Wer weise ist, hat gelernt, das Gute regelmäßig und dauerhaft zu tun, um so langsam und kontinuierlich ein Fundament aufzubauen, das das Leben trägt – selbst dann, wenn außergewöhnliche Dinge es einmal ins Wanken bringen.

Rhythmus und Freiheit

Vielleicht gehören Sie ja zu den Menschen, die jetzt am liebsten das Buch zuschlagen würden, weil allein das Wort „Rhythmus" Sie schon abschreckt. Weil Worte wie „Wiederholung", „Übung" und „Training" sich in Ihren Ohren furchtbar anstrengend anhören. Weil das nach so viel Arbeit klingt – und so wenig nach Freiheit.

Danke, dass Sie dennoch weitergelesen haben. Denn „Freiheit" ist in diesem Zusammenhang ein ganz wichtiges Wort.

„Zur Freiheit hat uns Christus befreit. So steht nun fest und lasst euch nicht wieder das Joch der Knechtschaft auferlegen", so hat es der Apostel Paulus im Brief an die Gemeinden in Galatien geschrieben.[8] Es geht um Freiheit. Wir sind zur Freiheit berufen und zur Freiheit befreit! Steht diese Freiheit nicht gerade im Gegensatz zu allem, was mit Übungen, Disziplin und Regelmäßigkeit zu tun hat? Das ist eine wichtige Frage.

Aber bedenken Sie dabei bitte eines: Freiheit beinhaltet nicht nur das, *wovon* ich befreit wurde, sondern Freiheit ist auch immer eine Freiheit *für* etwas.

Viele Menschen verstehen Freiheit als einen Raum, in dem etwas wegfällt. Wir werden zum Beispiel frei vom Druck, immer mehr leisten zu müssen, frei von Schuld, die uns immer wieder anklagt, frei von Lasten der Vergangenheit, frei von Pflichten, frei von Vorschriften, frei von Gesetzen.

Christus hat uns in eine Freiheit geführt, die uns von allen externen Mächten und Ansprüchen befreit. Niemand darf und soll Macht über uns haben außer Gott allein. Das ist zutiefst wahr. Diese Freiheit ist ein wundervolles Geschenk. Aber dieses Geschenk beinhaltet noch weitaus mehr. ***Die Freiheit, die Gott uns schenken will, ist eine Freiheit für etwas. Sie ermöglicht es uns, etwas zu tun. Sie ermöglicht es uns, etwas zu erleben. Sie ermöglicht es uns, etwas zu sein, das wir bisher nicht sind. Und manchmal muss man seine Freiheit von etwas für einige Zeit einschränken, damit die Freiheit für etwas wachsen kann!***

Können Sie mir noch folgen?

Nehmen wir ein Beispiel: Als ich noch zur Schule ging, musste ich meine freie Zeit einschränken, um englische Vokabeln zu lernen, unregelmäßige Verben zu pauken und die englische Aussprache zu trainieren. Dies war ein schmerzlicher, aber zeitlich begrenzter Verlust von Freiheit. Ich hätte damals diese Zeit gerne anders genutzt, aber mich hatte ja keiner gefragt. Doch heute bin ich froh darüber, denn auf diese Weise lernte ich die Grundbegriffe der englischen Sprache. Diese kurzzeitige Einschränkung von Freiheit versetzte mich in die Lage, einen Schritt weiterzugehen.

Während meines Studiums habe ich dann nämlich die Möglichkeit genutzt, ein Auslandstrimester an einem Londoner College zu absolvieren. Wieder war das eine befristete Aufgabe von freier Zeit, weil sich einige dieser Wochen mit meinen Semesterferien überschnitten. Warum tat ich das? Weil ich durch diese Monate die Freiheit gewann, Englisch einigermaßen fließend zu sprechen und zu verstehen. Und diese Fähigkeit eröffnet mir jetzt einen riesigen Raum neuer Freiheit, der mir andernfalls verschlossen geblieben wäre. Ich habe beruflich eine Aufgabe übernehmen können, die mir unglaublich viel Spaß macht und mich in Kontakt mit Menschen aus der ganzen Welt bringt. Ich habe auf der anderen Seite des Atlantiks wundervolle Freunde gefunden, mit denen ich heute ohne die damalige Einschränkung niemals befreundet wäre. Ich kann Bücher lesen, die es nicht in deutscher Übersetzung gibt – was bei einigen sehr schade ist. Die kurzfristige Einschränkung von Freiheit führte zu einer größeren Freiheit, die mir heute vieles ermöglicht.

All dies zeigt, dass Übung, Rhythmus, Wiederholung durchaus ein Tor zur Freiheit sein können, Freiheit *für* etwas. Freiheit, neues Land zu erobern. Freiheit, die viel mehr ist als dic Befreiung von Zwang. Freiheit, die einen neuen Lebensraum eröffnet und gestaltet.

Zurück zum Joggen

Aber kommen wir noch einmal zum Joggen zurück. Als ich Andreas begegnet bin, war ich nicht gerade in Topform. Ich habe mich einigermaßen regelmäßig bewegt, aber das war auch schon alles. Seit ich mit Andreas laufe, hat er begonnen, mich zu coachen. Er hört, wie ich laufe, welche Fehler ich mache, wie ich mich bewege und wie ich atme. Er gibt mir Anweisungen, korrigiert mich, feuert mich an und hilft mir, einen guten Rhythmus zu finden – und dies mittlerweile seit mehr als zwei Jahren.

Als ich dann vor einigen Monaten einmal allein auf der Joggingstrecke unterwegs war, überkam mich beim

Laufen plötzlich ein ganz tiefes Glücksgefühl. Ich kann es kaum beschreiben – ich hatte solche Freude an der Bewegung. Freude am Wald, der mich umgab. Freude an der frischen Luft, die durch meine Lungen strömte. Freude an einem Lauf, zu dem ich vor wenigen Jahren nicht einmal ansatzweise in der Lage gewesen wäre. Es war kaum ein Vergleich mit dem Tag, an dem ich nach Luft ringend zum ersten Mal mit Andreas unterwegs gewesen war. Das regelmäßige Laufen, die Wiederholung und der Rhythmus, den ich mittlerweile gefunden habe, haben mich stärker gemacht. Sie haben mein Leben verbessert!

Das Glück, die Freude, die mich an diesem Tag auf der Laufstrecke überfiel, verdankte ich einem Menschen, der mich einen guten Rhythmus lehrte. Der mir Mut machte dranzubleiben. Der mich korrigierte, ermutigte, anfeuerte. Und nun zahlte sich alles aus. Mein Körper hatte begonnen, ganz langsam eine innere Stärke aufzubauen. Und diese konnte ich jetzt beim Laufen in vollen Zügen genießen.

Aber nicht nur das: Vieles von dem, was ich beim Laufen gelernt habe, konnte ich auch auf mein Leben mit Gott übertragen. Auch dort ist Rhythmus ein sehr entscheidender Punkt. Und das ist kein Zufall. Denn die Sache mit dem Rhythmus war seine Idee.

Kapitel 2

Gott schuf Rhythmus

Solange die Erde steht, soll nicht aufhören:
Saat und Ernte, Frost und Hitze, Sommer und Winter,
Tag und Nacht.
1. Mose 8,22 (Luther)

Das Licht in dem Behandlungszimmer ist schummrig. Gebannt starren meine Frau und ich auf den kleinen Schwarz-Weiß-Monitor. Meine Hände sind feucht und alle Muskeln im Körper angespannt. Ich fürchte, ich drücke die Hand meiner Frau zu fest, aber das scheint sie momentan nicht zu stören. Unser beider Blick hängt an den flimmernden Bildern, die sich ruckartig bewegen. Linien, die sich zusammenziehen und plötzlich auseinanderlaufen, je nachdem, wie der Arzt das medizinische Gerät bewegt. Alles scheint zu fließen, ich kann keinerlei feste Strukturen entdecken. Und je länger diese Prozedur dauert, desto mehr steigt kalte Angst in mir auf.

Es ist nicht unser erstes „Screening" – die Ultraschalluntersuchung im Rahmen einer Schwangerschaft. Wir hatten das Ganze schon zweimal. Beide Male ging es schief. Die Enttäuschung war groß und der Schmerz heftig. „Lass es diesmal gut gehen!", sind die einzigen Worte, die meine Seele stammelnd zum Himmel schicken kann. „Bitte, lass es diesmal gut gehen!"

Plötzlich verfestigt sich das Bild. Mit einem Mal sind deutliche Konturen sichtbar. Der Arzt lächelt und sagt: „Da haben wir es ja!“ Meine Frau und ich starren auf das kleine Etwas, das eher an einen Cashewkern erinnert. In der Mitte pulsiert rhythmisch ein kleiner Punkt. Er ist nicht viel größer als ein Stecknadelkopf, aber es scheint, als würde ein Leuchten von ihm ausgehen: pulsierend, rhythmisch, kraftvoll und lebendig!

Was dort unermüdlich vor sich hin schlägt, ist das Herz unseres Kindes.

Diesmal ist er da – dieser Rhythmus. Regelmäßig. Dauerhaft. Stabil. In diesem Moment scheint er das Schönste zu sein, was ich jemals gesehen habe. Ein wundervoller Rhythmus. Unmerklich bewegt sich mein Oberkörper – nimmt den Rhythmus auf. Mit jedem Aufleuchten des kleinen Punktes schwinge ich mit. Vor und zurück! Und innerlich feuere ich dieses winzige Leuchten an: „Schlag weiter! Hör nicht auf! Du schaffst es!“

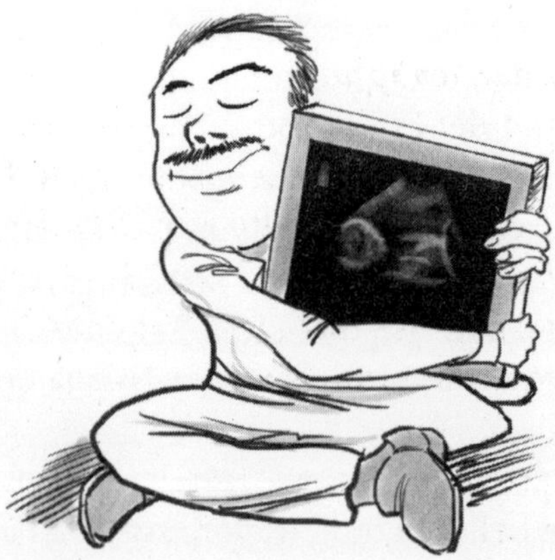

Zwölf Jahre später wird das pulsierende Leuchten in die Pubertät kommen und mir erklären: „Papa, du bist peinlich!“ Aber jetzt ... jetzt kann ich mich nicht daran sattsehen. In den kommenden Wochen und Monaten ist es dieser Rhythmus, nach dem wir bei jedem Arztbesuch als Erstes Ausschau halten, während die Umrisse von Armen und Beinen, Gesichtsausdruck und Stupsnase immer deutlicher und schärfer auf dem Monitor zu erkennen sind. Dieser Rhythmus gibt uns Sicherheit. Noch während der Geburt sagt uns das klangvolle Pochen der Herztöne, dass alles in Ordnung ist.

Dieser Rhythmus bedeutet Leben. Das kleine Herz schlägt. Und solange es schlägt, ist die Grundlage für alles Weitere vorhanden. Solange es schlägt, kann sich das Leben entwickeln.

Gott schuf das Leben von Anfang an mit einem Rhythmus. Er gab der Schöpfung einen festen Rhythmus, er gab unserem Körper einen festen Rhythmus und ebenso unserer Seele und unserem Geist.

Der Rhythmus der Schöpfung

Alles begann mit der Erschaffung des Wechsels von Tag und Nacht. So erzählt es die Bibel: „Da sprach Gott: ‚Licht entstehe!‘, und das Licht strahlte auf. Und Gott sah das Licht an: Es war gut. Da trennte Gott das Licht von der Dunkelheit und nannte das Licht Tag, die Dunkelheit Nacht. Es wurde Abend und wieder Morgen: der erste Tag.“[9]

Die Zeit startete in einem festen Rhythmus, dem Rhythmus von hell und dunkel, von Tag und Nacht. Und alles, was dann folgte, trug wieder einen Rhythmus in sich. Gott erschuf die Welt mit einem Tagesrhythmus. Egal, ob wir uns diesen Prozess in Form eines 24-Stunden-Tages vorstellen oder als einen Abschnitt von mehreren Millionen Jahren (schließlich sind 1.000 Jahre vor Gott wie ein Tag) – in jedem Fall schreitet die Schöpfung rhythmisch voran. Himmel und Erde werden getrennt – ein Tag. Wasser und Land werden getrennt – ein weiterer Tag. Pflanzen, Bäume und Früchte entstehen – ein weiterer Tag. Und so geht es weiter bis hin zum Menschen, der dann im Rhythmus der Jahreszeiten lebt. Frühling, Sommer, Herbst und Winter bilden einen immer wiederkehrenden Ablauf – von Gott selbst garantiert.

„Von jetzt an gilt, solange die Erde besteht: Nie werden aufhören Saat und Ernte, Frost und Hitze, Sommer und Winter, Tag und Nacht."[10] Mit dieser Zusage macht Gott klar: Wir müssen uns keine Sorgen machen, ob morgen die Sonne aufgeht oder nicht. Ob in diesem Jahr der Winter wirklich durch den Frühling abgelöst wird oder ob es kalt bleibt. Ob es wohl nach einem heißen Sommer wirklich wieder einen kühlen Herbst gibt? Gott hat es versprochen. Seine Zusage gilt – es bleibt bei dem festen Wechsel, den er in Gang gesetzt hat. An ihm können und sollen wir uns orientieren. Er ist die Grundlage und der Rahmen unseres Lebens.

Rhythmus von Arbeit und Ruhe

Wenn wir die Schöpfungsgeschichte aufmerksam lesen, entdecken wir einen weiteren Rhythmus. Am Ende, nachdem der Mensch erschaffen wurde, kommt Gott zum Höhepunkt seiner Schöpfung. Alles, was bis dahin geschehen ist, wird durch ein letztes, großartiges Werk gekrönt. Nach sechs Tagen Arbeit schuf Gott ... den freien Tag. Den Sabbat.

„Am siebten Tag hatte Gott sein Werk vollendet und ruhte von aller seiner Arbeit aus. Und Gott segnete den siebten Tag und erklärte ihn zu einem heiligen Tag, der ihm gehört, denn an diesem Tag ruhte Gott, nachdem er sein Schöpfungswerk vollbracht hatte."[11] Nicht der Mensch ist die Krone der Schöpfung, sondern der Sabbat – der Ruhetag. Mit ihm schuf Gott den Rhythmus von Arbeit und Ruhe, von Anspannung und Entspannung, von Leistung und Genuss. Dabei schuf Gott den freien Tag nicht, weil *er* ihn nötig hatte, da er nach einer anstrengenden Arbeitswoche total in den Seilen hing und dringend Erholung brauchte. Die Bibel ist da sehr klar: Gottes Kräfte und Ressourcen sind unbegrenzt. Er wird nicht müde und ist auch nicht ausgelaugt.[12] Mit anderen Worten: ***Gott wischte sich nicht am Ende einer harten Arbeitswoche den Schweiß von der Stirn und seufzte: „Mir sei Dank – endlich Wochenende!"***

Stattdessen schuf er diesen Tag, um uns Menschen vor einem unseligen Ungleichgewicht zu bewahren. Einem Ungleichgewicht des Lebens, in dem entweder alles Arbeit oder alles Ruhe ist. Leben braucht aber den Rhythmus von beidem, denn pausenloses Arbeiten ist unmenschlich und entfremdet uns dem Schöpfer und seiner Schöpfung. Aber auch pausenlose Ruhe ist unmenschlich, da unsere Gaben brachliegen und wir Zeit und Energie vergeuden, mit der wir von unserem Schöpfer ausgestattet wurden. Leben, *gelingendes* Leben, vollzieht sich im Rhythmus von Arbeit und Ruhe. Gott gab uns die Fähigkeit, etwas zu tun, etwas zu bewegen. Er gab uns Talente und er übertrug uns Verantwortung. Aber er setzte unserem Schaffensdrang zugleich Grenzen. Vermutlich, weil er wusste, dass wir allzu leicht Gefahr laufen, uns in dem einen oder in dem anderen zu verlieren. Doch dazu mehr in Kapitel 8.

Der Rhythmus unseres Körpers

So wie die Schöpfung viele Rhythmen in sich trägt, so trägt auch unser Körper viele Rhythmen in sich. Was mit dem eiligen Herzschlag des winzigen Embryos beginnt, setzt sich fort und wird zum lebenslangen, lebensgebenden Takt. Ein Rhythmus, so stabil, dass zu den Zeiten, in denen es noch keine zuverlässigen Stoppuhren gab, der Pulsschlag als Zeitmesser für physikalische Versuche verwendet wurde. Zumindest habe ich das im Physikunterricht in der Schule so gelernt.

Zum Rhythmus des Herzens gesellt sich dann schnell der Rhythmus des Atmens. Einatmen, ausatmen. Sauerstoff aufnehmen, Stickstoff und Kohlendioxid abgeben. Und das immer wieder – unser Leben lang. Wir müssen nicht darüber nachdenken, unser Körper tut es ganz von alleine. Und er vergisst es nicht einmal nachts, während wir schlafen.

Apropos Schlaf – auch dieser ist ein Rhythmus. Einige Stunden aktiv sein und dann alles loslassen. Sich ganz dem Schlaf ergeben – und acht Stunden nichts tun außer träumen.

Unser Körper braucht diesen Rhythmus. Wir können nicht dauerhaft wach und leistungsfähig sein. Jeden Tag müssen wir die Dinge in die Hand nehmen und ein paar Stunden später wieder abgeben. Gibt es eine bessere Übung, um Vertrauen zu lernen? Kann man noch deutlicher unterstreichen, dass wir nicht in der Lage sind, alles zu kontrollieren? Gott hätte uns auch ohne die Notwendigkeit zum Schlafen erschaffen können. Aber er gab uns diesen Rhythmus, damit wir den Wechsel von Aktion und Ruhe lernen, von Selbstverantwortung und Hingabe. In den vergangenen Jahren hat es viele Untersuchungen und Experimente zum Thema „Tag- und Nachtrhythmus" gegeben. Alle kamen zum gleichen Ergebnis: Gegen diesen Rhythmus zu leben (anstatt mit ihm) macht den Menschen krank und ist zerstörerisch.[13]

Ich könnte noch viele andere körperliche Rhythmen auflisten, unseren Stoffwechsel zum Beispiel. Wir nehmen regelmäßig Nahrung und Flüssigkeit auf und scheiden das Überflüssige auch regelmäßig wieder aus. Ist dieser Rhythmus unterbrochen oder gestört, ist es schnell vorbei mit dem Wohlbefinden – und über kurz oder lang auch mit der Gesundheit.

Oder denken wir an den in den vergangenen Jahren immer stärker erforschten Biorhythmus des Menschen. Der Rhythmus, den unser Körper und unser Geist während eines Tages immer wieder durchlaufen und der bestimmt, wie leistungsstark wir zu bestimmten Tageszeiten sind. Laut den Forschungen zum Thema „Biorhythmus" kann man die Menschen übrigens in zwei Kategorien einteilen: ***Es gibt Menschen, die lieben es, früh aufzustehen, und es gibt Menschen, die hassen Menschen, die es lieben, früh aufzustehen. In den meisten Ehen findet sich übrigens ein Exemplar von jeder Sorte.*** Aber egal, zu welcher Fraktion wir gehören – einem innewohnenden Rhythmus folgen wir alle.

Der Rhythmus unserer Seele

Auch unsere Seele braucht Regelmäßigkeit, braucht das Vertraute, wenn sie sich gesund entwickeln soll. Vielleicht kann man das am besten bei Kindern beobachten: Kinder lieben regelmäßige Abläufe und Rituale, denn diese vermitteln ihnen in ihrem noch jungen Leben Sicherheit.

Als meine Tochter Ronja eineinhalb Jahre alt war, musste ich ihr jeden Abend die gleiche Geschichte erzählen. Es war die Geschichte von einem kleinen Mädchen, das sich um eine kleine Ziege kümmert, die von einem großen Ziegenbock immer wieder geärgert und fortgejagt wird. Unermüdlich wollte Ronja jeden Abend diese Geschichte hören. Ich bot ab und zu an, auch mal eine andere Geschichte zu erzählen – aber da hatte ich schlechte Karten. Nein, sie wollte jeden Abend die gleiche Geschichte hören. Und jeden Abend zitterte sie vor Anspannung mit, wenn der große Ziegenbock kam und die kleine Ziege wegschupste. Und sie atmete erleichtert auf, wenn die Gefahr gebannt, der große Ziegenbock vertrieben und die kleine Ziege fröhlich war. Jeden Abend die gleiche Geschichte – dies gab Ronja Sicherheit. Neben vielen anderen Dingen in ihrem Leben vermittelte ihr unser Abendritual das gute Gefühl, dass das Leben nicht nur aus Unvorhergesehenem besteht. Der feste Rhythmus machte ihr Leben ein klein wenig berechenbarer und legte unter anderem die Grundlage dafür, dass sie Selbstvertrauen und Risikobereitschaft entwickeln konnte.

Auch im weiteren Verlauf unseres Lebens bleiben feste Abläufe, die unserer Seele Sicherheit und einen festen Rahmen geben, von großer Bedeutung. Es kommt nicht von ungefähr, dass wir morgens immer auf der gleichen Seite mit dem Zähneputzen anfangen, dass wir in der Regel immer wieder auf der gleichen Körperseite einschlafen oder auf Beerdigungen immer die gleichen Lieder singen. Diese Wiederholungen geben uns Sicherheit. Sie vereinfachen das Leben. Stellen Sie sich einmal vor, Sie müssten jeden Morgen neu entscheiden, auf welcher Seite Sie mit dem Zähneputzen anfangen wollen. Unser Leben würde sehr kompliziert werden. Unsere Seele sucht das Regelmäßige und Vertraute. Sie braucht das Fundament dieser Sicherheiten, um auch dem Unvorhergesehenen begegnen zu können.

Der Rhythmus des Glaubens

Gewohnheiten stärken nicht nur unsere Seele, sie fördern auch unseren Glauben. Es sind die kleinen Gewohnheiten unseres Lebens, die uns entweder näher zu Gott bringen oder von ihm weg. ***Jeder Moment, jeder Atemzug trägt das Potenzial in sich, unser Leben weiter für Gott zu öffnen oder uns für ihn zu verschließen.*** Der Rhythmus des Kirchenjahres von Advent bis zum Totensonntag, die regelmäßige Wiederkehr von Feiertagen und Festen, von bestimmten Gedanken und Geschichten ist wichtig für unseren Glauben. Wir brauchen Erinnerung. Wir brauchen Wiederholung. Wir brauchen Regelmäßigkeit.

Wir lesen in der Bibel, dass Gott bereits sehr früh versuchte, seinem Volk Vertrauen beizubringen – und er tat das mithilfe eines festen Rhythmus. Im 2. Buch Mose können wir nachlesen, wie Gott sein Volk durch Mose, einen ehemaligen ägyptischen Prinzen, aus der Sklaverei in Ägypten befreite. Dieses Volk hatte mehrere Jahrhunderte in der Sklaverei verbracht und war über Generationen dem Diktat einer fremden Macht unterworfen gewesen. Wie sollte sich ein solches Volk in der neugewonnenen Freiheit zurechtfinden? Wie sollte man die Menschen, die jahrhundertelang nur Gewalt und Zwang erlebt hatten, auf ein neues Leben vorbereiten?

Gott tat dies, indem er einen bestimmten Rhythmus einführte. Er lehrte das Volk durch eine tägliche Vertrauensübung. Wir lesen, dass die Israeliten, nachdem sie trockenen Fußes durch das Schilfmeer gezogen waren, in der Wüste nach kurzer Zeit anfingen zu murren. Die

Menschen machten sich Sorgen um den täglichen Speiseplan. Im Nachhinein erschien ihnen die Vergangenheit in Ägypten in kulinarischer Hinsicht weitaus reizvoller als die Gegenwart in der Wüste. Auch wenn es sich dabei um eine grandiose Selbsttäuschung handelte, reagierte Gott darauf. Er gab seinem Volk eine tägliche Übung, einen Rhythmus, um sie Vertrauen zu lehren.

Der Herr sagte zu Mose: „Ich werde euch Brot vom Himmel regnen lassen. Die Leute sollen vors Lager hinausgehen und so viel sammeln, wie sie für den Tag brauchen – aber nicht mehr, damit ich sehe, ob sie mir gehorchen. Am sechsten Tag sollen sie so viel sammeln, wie sie finden. Wenn sie es zubereiten, werden sie entdecken, dass es doppelt so viel ist, wie sie sonst gesammelt haben.“[14]

Die Versorgung mit Manna in der Wüste war mehr als die Lösung eines Nahrungsproblems. Durch den täglichen Rhythmus erlebte das Volk jeden Tag neu Sicherheit und die Gewissheit, dass Gott es wirklich gut mit ihm meinte. Jeden Morgen konnten die Menschen sich aufs Neue davon überzeugen, dass er da war. Dass er es ernst meinte. Dass er gut war. Dass man ihm vertrauen konnte. Dass er für sie sorgte. Jeden Morgen fanden sie das, was sie zum Leben brauchten. Sie mussten es nur einsammeln. Und am Tag vor dem Sabbat fanden sie sogar die doppelte Menge. So sorgte Gott selbst dafür, dass sie sich an den Sabbat, an den Ruhetag, gewöhnen konnten. Dies geschah Woche für Woche, Jahr für Jahr. Auf diese Weise brachte Gott einem Volk, das jahrhundertelang versklavt und ausgebeutet worden war, mithilfe eines täglichen und eines wöchentlichen Rhythmus bei, seiner Fürsorge zu vertrauen.

Am Berg Sinai gab Gott dann seinem Volk die Gebote – und damit die Rahmenbedingungen, unter denen sich die neugewonnene Freiheit entwickeln konnte. Gott gab einen Rahmen für das Leben vor, und das war dringend nötig. Wie sonst hätte ein Volk die neu gewonnene Freiheit gestalten sollen, ohne in Anarchie abzugleiten? Gott gab klare Anweisungen, unter welchen Bedingungen das Leben gelingen konnte: keine anderen Götter, kein Bilderkult, den Sabbat halten, nicht stehlen, nicht ehebrechen – all das, was wir als die Zehn Gebote kennen. Darüber hinaus gab Gott aber auch noch konkrete Anweisungen für viele andere Bereiche. Das kultische Leben, der Gottesdienst – und die Anweisung, dreimal im Jahr eine Woche lang zu feiern.

Jede Festwoche hatte dabei zwar ihren eigenen Schwerpunkt, aber im Grunde waren es jedes Mal groß angelegte Erinnerungspartys, die dem Leben der Menschen einen festen Rahmen gaben. Man führte sich Jahr für Jahr vor Augen, was Gott für das Volk getan hatte: Gott hatte sie aus der Sklaverei in Ägypten befreit und mit Nahrung versorgt. Er hatte ihnen ein neues Leben geschenkt. Die Feste bildeten Quellen der Erinnerung und die Eckpunkte, an denen man sich orientieren konnte. Die Feiern strukturierten das Jahr. Sie machten die einzelnen Abschnitte überschaubar, und die regelmäßige Wiederkehr sorgte dafür, dass sich im Bewusstsein des Volkes bestimmte Gedanken über Jahrhunderte und

Jahrtausende festsetzen konnten. ***Menschen neigen nämlich dazu, das Gute zu vergessen und den Sorgen immer wieder neu Raum zu geben.*** Darum mahnt Gott die Israeliten, sich immer wieder zu erinnern: „... und vergiss nicht, was er dir Gutes getan hat“, betet der Psalmbeter.[15]

Bis heute hat sich daran nichts geändert. Auch unser Jahr bekommt durch Weihnachten und Ostern und für uns als Eltern auch durch die dazugehörigen Schulferien seinen Rhythmus. Die Feiertage und auch die Ferien geben unserem Leben einen Rahmen. Sie ordnen das Jahr. Sie strukturieren das Leben. Wir erinnern uns an das letzte Weihnachten oder an die chaotischen Osterferien vor zwei Jahren. Diese Feiertage und Ferienzeiten sind Ankerpunkte in unserer Erinnerung.

Sie sind regelmäßige Orientierungspunkte, damit wir unseren Weg nicht aus den Augen verlieren. Auch unser Glaube braucht das Regelmäßige. Wir müssen Wahrheiten in regelmäßigen Abständen wiederholen. Über Jahrtausende hat das auch hervorragend funktioniert. Menschen haben den Lebensrhythmus aufgenommen und ihren eigenen Rhythmus entwickelt. Das Leben in seinen Grundfesten verlief nach einem festen Ablauf. Und so konnte Glauben bewahrt werden.

Rhythmus formt uns

Rhythmus hat auch eine formende Kraft. Nehmen wir zum Beispiel das Thema „Essen“. Unser Essensrhythmus formt unseren Körper. *Was* wir regelmäßig aufnehmen, *wie viel* wir davon regelmäßig aufnehmen und *wie oft* wir es regelmäßig aufnehmen, bildet die Grundlage dessen, wie sich der körperliche Raum, den wir einnehmen, gestaltet. Wie las ich einmal auf einem zeltgroßen, eng anliegenden T-Shirt: „Bier formte diesen Körper!" – und ich dachte: *Wie wahr!*

Wenn wir nun davon träumen, unseren Körper in den natürlichen Grenzen von 1980 zu bewahren, dann gelingt dies nicht, indem wir eine Woche lang auf alle Süßigkeiten verzichten und den Wein weglassen. Ich mag kurzzeitig ein bisschen Gewicht verlieren, indem ich nur Vogelfutter esse oder die Brokkoli-Apfel-Kümmel-Diät aus der „Brigitte" durchziehe – langfristig sind aber all diese Versuche völlig bedeutungslos, denn sie sind nicht von Dauer (glauben Sie mir, ich weiß, wovon ich rede). Von Dauer ist nur ein neuer Rhythmus. Weniger Essen über einen langen, sehr langen Zeitraum, mehr Bewegung – ebenfalls über lange Zeit – und dies kontinuierlich wiederholen. Nur so lassen sich die Pfunde dauerhaft vertreiben. (Hab ich zumindest gehört!)

Was für unseren Körper gilt, gilt in gleichem Maße auch für unsere Seele und unseren Glauben.

Auch unsere Seele wird geformt durch das, was wir regelmäßig in uns aufnehmen. Sind es Freude und Dankbarkeit, sind es gute Gedanken, Impulse, die uns Mut machen, oder sind es Bilder von Mord und Totschlag, Misshandlung und Gewalt. Welche Gedanken, Aussagen oder Eindrücke auch immer wir regelmäßig in uns aufnehmen – sie formen unsere Seele und machen uns dankbarer oder ärgerlicher, geduldiger oder nervöser, unruhiger oder erfüllter.

Und auch der Glaube wird geformt durch das, was wir regelmäßig in uns aufnehmen. Es spielt eine große Rolle, ob wir regelmäßig den Gedanken an die liebende Gegenwart Gottes in uns aufnehmen oder ob wir Sorgen und Angst Raum geben. Beides formt unseren Glauben.

Der heilige, ewige, allmächtige und unendlich liebende Gott wollte nicht mit sich allein sein, sondern erschuf den Menschen als Gegenüber seiner Liebe. In dieser Beziehung zu einem unendlich liebenden Gott finden wir zur Bestimmung unseres Lebens. Erfülltes Leben wird in der Gegenwart dieses Gottes gelebt. Je mehr wir gelernt haben, in dieser Gegenwart zu leben, umso erfüllter gestaltet sich unser Leben und umso mehr nehmen Liebe, Freude, Frieden, Geduld, Freundlichkeit, Güte, Treue, Sanftmut und Selbstbeherrschung in uns Raum.[16]

Gott hat zwar jeden von uns einzigartig geformt, aber die Schöpfung ist noch nicht abgeschlossen. Das Leben, das wir führen, formt uns auch weiterhin. Und der Rhythmus, für den wir uns entscheiden, formt uns ebenfalls. Es liegt an uns, welche Kräfte wir auf uns und unser Leben einwirken lassen.

Kapitel 3

Der Verlust von Rhythmus

Wie blind sind die meisten Menschen.
Sie halten so viel auf ihren Geist und Verstand.
Madame Guyon[17]

Obwohl wir in eine Welt hineingeboren werden, in der wir überall einen Rhythmus vorfinden, haben doch viele Menschen heute irgendwie ihren Rhythmus verloren. In gewisser Weise scheint unsere Welt „aus dem Tritt" zu sein und viele Menschen empfinden dies auch so.

Meine persönliche Auseinandersetzung mit dem Thema „Rhythmus" begann vor etwa zwanzig Jahren – und es war zunächst keine sehr angenehme Begegnung.

Das Ergebnis eines Gesundheitschecks

Es war der Winter 1990 und ich machte den ersten Gesundheitscheck meines Erwachsenendaseins. Ich war frisch verheiratet und hielt es für eine gute Idee, meiner Frau zuliebe eine erste Inspektion durchführen zu lassen. Ich machte mir keine Sorgen darüber, dass irgendwas nicht stimmen würde, aber ab und zu ist es ja nicht schlecht, sich den guten Allgemeinzustand noch einmal von professioneller Seite bestätigen zu lassen. Zum ersten Mal absolvierte ich also den vollständigen Gesundheitsparcours: Blutabnahme, Ultraschall, EKG – das volle Programm. Beim Belastungs-EKG wurde ich von einer netten Arzthelferin auf dieses Fahrrad gesetzt, auf dem man sich abstrampelt, aber nirgendwo ankommt, und bekam das Kommando: „Nun legen Sie mal los! Halten Sie die Nadel bitte im grünen Bereich!" Dann drehte sich die junge Frau zum Monitor um und schaute konzentriert auf die Kurven und Zacken, die dort abgebildet wurden.

Plötzlich trat eine steile Falte auf ihre Stirn. Sie schien irritiert, betrachtete konzentriert den Monitor, schaute kurz zu mir und wieder zurück auf den Monitor – dann griff sie zum Telefon ...

Irgendein Teil von mir vermeldete in diesem Augenblick, dass dies nicht die Art von Reaktion war, die ich sehen wollte. Aber während ich weiter vor mich hin strampelte, eilte der Arzt herbei, betrachtete schweigend den Ausdruck meines EKGs, runzelte die Stirn, dachte einen Moment nach und fragte mich dann kurz: „Geht es Ihnen gut?"

Ich musste mich anstrengen, damit mein gedehntes „Jaaa – warum??" nicht allzu panisch klang. Aber ich bekam keine Antwort. Der Arzt ließ sich das Signal in sein Beratungszimmer durchstellen und wandte sich wieder zur Tür. Dort drehte er sich noch einmal um: „Sollte Ihnen übel werden, hören Sie bitte sofort auf."

Ich nickte. „Klar doch ..." In den nächsten zehn Minuten fragte ich mich etwa alle zwei Sekunden, ob mir wohl übel würde, was aber zum Glück nicht der Fall war.

Dann saß ich endlich im Büro des Arztes. Dieser ließ sich Zeit mit einer Auskunft. Blutwerte und Ultraschall seien so weit normal, alle Parameter in Ordnung. „Allerdings“ – und dann schaute er mich direkt an –, „Sie haben einen Herzfehler! Wir nennen das ein WPW-Syndrom[18].“

Mein Verstand brauchte einen Moment, bis er das Gehörte verarbeitet hatte! „Ich habe ein – was???“

Der Arzt versuchte sofort, die Situation zu entschärfen, indem er lächelnd erklärt: „Keine Sorge, daran stirbt man nicht – normalerweise jedenfalls!“

Mein Lächeln kam etwas gezwungen. „Definieren Sie bitte ‚normalerweise‘!“

Nun erklärte mir der Arzt, dass in meinem Herzen eine Nervenleitung durch die Wand zwischen Vor- und Hauptkammer gewachsen war, die den Impuls zum Zusammenziehen zu früh weiterleitete. Im Normalfall schlagen Vorkammer und Hauptkammer nacheinander, ausgelöst durch zwei aufeinanderfolgende winzige elektrische Impulse. Bei mir war das anders. Bei mir wurde der Impuls zeitgleich in beide Kammern gesendet, das Herz geriet einen Moment lang aus dem Rhythmus – es geriet quasi ins Stolpern. „... und das ist nicht gut!“, schloss der Doc.

Da hatte er meine ungeteilte Zustimmung! Plötzlich fielen mir Situationen ein, in denen mir so komisch war – es hatte in meiner Brust seltsam geflattert und ich hatte husten müssen. Das war also die Erklärung dafür. Ich hatte solche Anfälle zwar nicht häufig, aber es passierte ab und zu!

„Wie gesagt: Die gute Nachricht ist: Daran stirbt man normalerweise nicht. Im schlimmsten Fall könnten Sie mal umkippen, kurzzeitig die Besinnung verlieren. Aber dieser Zustand hält nicht lange an. In der Regel fängt sich Ihr Herz dann wieder!"

„Na toll, und wenn ich gerade Auto fahre?"

„Das wäre dann schlecht, passiert aber eigentlich nicht!"

Mein Arzt riet mir von einer Operation ab, da diese damals noch sehr aufwendig war. Der Brustkorb müsse geöffnet und es müsse am offenen Herzen geschnitten werden und dazu hatte ich nun wirklich keine Lust. Solange die Anzahl der Anfälle meine Lebensqualität nicht zu sehr beeinträchtigten, sollte ich einfach normal weiterleben. Und das tat ich. Zehn Jahre lang! Ich dachte zwar immer wieder einmal über mein Rhythmus-Problem nach, aber die meiste Zeit hatte ich es zur Seite gelegt – einfach vergessen. Die Anfälle waren selten und auch nicht sonderlich heftig – es ließ sich gut damit leben.

Zeit zu handeln

Als ich Anfang dreißig war, änderte sich das, denn die Probleme wurden plötzlich größer! Ich war damals als Pastor in einer Gemeinde tätig, und nicht nur mein Herz, sondern mein gesamtes Leben geriet mehr und mehr aus dem Takt. Es kamen immer mehr Aufgaben hinzu und ich kam nicht mehr zur Ruhe. Es gab immer mehr Konflikte, immer mehr Herausforderungen. Wir hatten als Gemeinde gerade einen zweiten Gottesdienst gestartet, einen gewaltigen Umbau zu bewältigen, mein Pastorenkollege hatte in eine andere Gemeinde gewechselt und wir hatten noch keinen Ersatz. Mein Arbeitspensum lief massiv aus dem Ruder. Parallel dazu hatten wir einen recht schwierigen Start ins Familienleben. Nachdem wir zweimal ein Kind verloren hatten (bis heute fällt es mir schwer, das Wort „Fehlgeburt" zu benutzen), kam zu unserer übergroßen Freude unsere erste Tochter zur Welt. Aber sie machte über einen langen Zeitraum begeistert die Nacht zum Tag. So riesig wir uns auch über unsere Tochter freuten, der Schlafmangel zehrte doch im Laufe der Zeit immer mehr an Kraft und Nerven. Mein Leben geriet zunehmend aus den Fugen.

Ich kann mich noch gut an ein Mittagessen erinnern, bei dem ich plötzlich auf einen grünen Fleck an der Wand starrte. „Was ist das?", fragte ich meine Frau.

Sie sah mich traurig an und antwortete: „Das ist das Ergebnis von Ronjas Begegnung mit einem Teller Spinat – dieser Fleck befindet sich schon seit mehreren Monaten an der Wand. Sag mal, nimmst du überhaupt noch etwas um dich herum wahr?" Ich wusste nicht, was ich entgegnen sollte. Sie machte sich Sorgen um mich und vermutlich hatte sie recht.

Meine Familie, meine Arbeit, mein Körper, meine Seele, mein Glaube – in allen Bereichen meines Lebens hatte ich meinen Rhythmus verloren. Und selbst meine Gottesbeziehung schien im Urlaub zu sein. Ich „funktionierte" noch in meiner Rolle als Pastor – aber in mir war es seltsam leer. Und mein Herz signalisierte mir dies immer häufiger in Form von Stolper-Attacken.

Auf Anraten des Arztes begann ich, ein Herztagebuch zu führen und die Anfälle aufzuschreiben. Das Ergebnis war niederschmetternd: Ich hatte die Anfälle mittlerweile mehrmals pro Woche. Mehr und mehr wurde klar: Jetzt musste ich doch unters Messer. Mittlerweile war es zum Glück möglich, die Nervenleitung zu durchtrennen, ohne den Brustkorb zu öffnen. Dennoch: Ich wollte eigentlich nicht so gern, dass mir jemand am Herzen herumschnippelte. Das war so ... zentral! Aber ich hatte wohl keine Wahl.

Während dieser Zeit zeigte Gott mir, dass mein eigentliches Problem nicht nur im organischen Bereich lag. Der gestörte Rhythmus meines Herzens wurde für mich zum Symbol einer tieferen Rhythmus-Störung.

Nur ließ sich dieses Rhythmus-Problem nicht durch eine OP beheben. Hier war mehr erforderlich. Ich musste mein Leben in seiner Gesamtheit noch einmal unter die Lupe nehmen – meinen Umgang mit meinem Körper, meinen Umgang mit meiner Seele und meinen Umgang mit meinem Glauben.

Mittlerweile denke ich, dass ich mit diesem Problem nicht allein bin. Auf die eine oder andere Art haben viele Menschen ihren Rhythmus verloren oder sind auf der Suche danach. Die gesellschaftlichen Umbrüche der letzten Jahrzehnte haben den Verlust von Rhythmus noch begünstigt. Bestimmte taktgebende Elemente sind weggefallen oder einfach verschwunden, häufig, ohne dass wir es bemerkt haben. Der Rhythmus von Werktagen und Sonntagen zum Beispiel.

Früher wurde unter der Woche gearbeitet und am Wochenende hatten die Menschen frei; das öffentliche Leben lief am Wochenende auf Sparflamme. Heute verschwimmen diese Grenzen immer mehr: Man kann rund um die Uhr einkaufen gehen und dank Ausnahmegesetzgebung immer häufiger auch am Wochenende. Und wem das nicht reicht, der hat ja immer noch das Internet.

Auch die Rolle, die die Arbeit in unserem Leben spielt, hat sich geändert. Früher gab es Bürozeiten, in denen man erreichbar war, und Zeiten, in denen man nicht erreichbar war. Dank Smartphones und Blackberrys, E-Mail und Mailbox verschieben sich diese jedoch immer mehr. Der alte Wechsel von An- und Entspannung ist einer Daueranspannung gewichen.

Waren es früher häufig die Kirchenglocken, die dem Tag seinen Takt vorgaben, so sind auch diese heute nahezu völlig verschwunden. Als Kind kam ich vom Spielen nach Hause, wenn um 18:00 Uhr die Glocken läuteten, was sie regelmäßig jeden Tag taten. Heute haben die Glocken ihre Rhythmus gebende Funktion verloren. Sie scheinen nicht mehr wahrgenommen zu werden – aus welchen Gründen auch immer.

Oder waren es früher die gemeinsamen Mahlzeiten, zu denen man dreimal am Tag zusammenkam, Nachrichten austauschte, redete, lernte, mitbekam, was der andere machte, und die dem Familienleben Rhythmus und Struktur verliehen, so sind auch diese Mahlzeiten immer härter umkämpft, wenn nicht gar verschwunden. Heute fällt es uns als vierköpfiger Familie schon schwer, regelmäßig gemeinsam zu essen. Und wir kämpfen sehr darum. Aber da sich die Schulzeiten immer weiter ausdehnen, die Terminkalender von Eltern und Kindern immer voller sind, ist es gar nicht so leicht, alle zur gleichen Zeit um einen Tisch zu versammeln. Stattdessen essen die Menschen immer häufiger nacheinander. Mikrowelle und Heißluftherd machen es möglich. Die Gefahr ist offenkundig: Das Familienleben zerfällt. Es hat keinen Rhythmus mehr.

Selbst der Schlafrhythmus ist durcheinandergeraten. Früher wurde nachts geschlafen, weil man am nächsten Morgen früh rausmusste. Und weil das so war, gab es im Fernsehen etwas, das die Jugendlichen von heute gar nicht mehr kennen: Sendeschluss! Falls Sie jünger als fünfunddreißig sind: Es gab lange Zeit nur insgesamt drei (!) Fernsehprogramme. Am späten Abend (also zwischen 23:00 und 0:00 Uhr) folgten nach dem letzten Film noch die Hinweistafeln für das Programm des nächsten Tages – und dann ... Testbild! Acht Stunden lang! Ich kann zwar nicht persönlich bezeugen, dass es wirklich acht Stunden zu sehen war, aber es gibt glaubhafte Berichte von Menschen, die das nachgeprüft haben wollen. Nachts wurde einfach nichts gesendet. Warum auch – nachts schliefen die Menschen ja!

Heute werden wir im Gegensatz dazu im Fernsehen rund um die Uhr beschallt! Ohne Pause. Ein nie abreißender Teppich von optischen, akustischen und sonstigen Reizen strömt auf uns ein, und damit einher geht ein zunehmender Verlust von Tag-und-Nacht-Rhythmus. Es gibt immer mehr Schichtarbeiter, immer mehr Menschen, die die Nacht zum Tag machen, und immer mehr Personen, die Probleme mit dem Schlafen haben. Sie können einfach nicht loslassen. Sie haben ihren Rhythmus verloren. Eine junge Frau erzählte mir, dass sie abends zum Einschlafen immer den Fernseher laufen lässt; sie könnte sonst nicht schlafen. Sie braucht die Hintergrundgeräusche, den niemals abreißenden Teppich von Eindrücken, anders gelangt sie nicht in das Reich der Träume. Und das ist kein Einzelfall.

Wenn Kinder nur einschlafen können, während eine Geschichte läuft. Wenn Jugendliche immer erst dann ins Bett gehen, wenn der Morgen anbricht. Wenn Erwachsene immer mehr Bereitschaftsdienste rund um die Uhr schieben müssen – dann stehen die Chancen gut, dass wir unseren Rhythmus verlieren. Glaubt man den Untersuchungen von Schlaflaboren, haben immer mehr Menschen gravierende Probleme damit, den völlig natürlichen Rhythmus von Wachen und Schlafen zu erleben.

Und was für unseren Körper gilt, hat unmittelbare Auswirkungen auf unsere Seele. ***Wo der Körper aus dem Tritt gerät, folgt sehr schnell auch die Seele nach. Wenn Essen, Schlafen, Ruhen, Gemeinschaft ihren steten Wechsel verlieren. Wenn wir keinen Kontakt mehr zu den Gedanken haben, die uns zutiefst bestimmen. Wenn unsere Ängste, unsere Sorgen, unbewusste Furcht uns kontrollieren und wir den inneren Frieden verloren haben – wen wundert es da, wenn wir den Bezug zu unserem Innersten ebenfalls verlieren?***

Weil uns durch mangelnden Rhythmus der Kontakt zu unserer Seele abhandengekommen ist, merken wir nicht mehr, was mit uns los ist. Wir merken nicht mehr, dass unsere Seele aufschreit. Wir übersehen den Schmerz, wir verdrängen die Fragen. Stattdessen werden wir von Ängsten getrieben oder bestimmt. Und wir müssen dafür sorgen, dass wir rund um die Uhr beschäftigt sind, immer das nächste Projekt planen, sonst besteht die Gefahr, dass doch unbequeme Fragen in uns hochkommen.

Wir sind zu einer Gesellschaft von Getriebenen geworden.

Und dafür bezahlen wir einen hohen Preis, denn wir verpassen das wahre Leben. Weil wir aus dem Takt sind, sind wir nicht mehr bei uns selbst. Wir haben das Leben in der Gegenwart verloren.

Der bekannte Kabarettist Karl Valentin hat einmal gesagt: ***„Ich habe heute Abend eine Verabredung. Mit mir selbst. Bin mal gespannt, ob ich zu Hause bin.“***

Er sagte das angesichts der Tatsache, dass viele Menschen einfach nicht mehr zu Hause sind, wenn sie mal bei sich selbst vorbeischauen. Die Seele ist ausgeflogen. Irgendwo mit dem Gestern oder dem Morgen befasst. Und so verlieren wir den Kontakt zu unserer Seele. Wir verpassen die Gegenwart – den einzigen Ort, an dem wir das Leben antreffen können. Und was vielleicht noch schlimmer ist: Wir verpassen Gott, wir verpassen die Nähe unseres Herrn. Jesus hat uns zugesagt, bei uns zu sein. Aber was haben wir davon, wenn wir selbst nicht bei uns sind, sondern immer gefangen im Gestern oder gedanklich schon beim Projekt für morgen?

Ich werde niemals den Holland-Urlaub vergessen, dem eine schwere berufliche Situation vorausgegangen war. Es gab gravierende Probleme in der Gemeinde, in der ich damals noch gearbeitet habe, und meine Gedanken konnten sich einfach nicht von dieser Situation lösen. An einem der ersten Urlaubstage war es sehr windig und wir hatten herrlichen Wellengang. Die Wellen waren so hoch, dass wir unsere damals noch kleinen Kinder nicht allein ins Wasser lassen konnten. Also ergriff ich die Hände meiner beiden Töchter und wir nahmen den Kampf mit der Brandung auf.

Meine Kinder jauchzten vor Freude. Sie feierten jede Welle. Sie jubelten und johlten. Und ich stand da in den tosenden Wellen und dachte an meine Arbeit. Um mich herum sprühte die Gischt und mit ihr die vor Lachen berstende Lebensfreude meiner Kinder, und ich war immer noch in Gedanken bei den Problemen der letzten Wochen.

Plötzlich traf es mich wie ein Schlag – es war, als hätte mir jemand eine Ohrfeige gegeben und gesagt: „Hey, Mann, was tust du hier?! Du Blödmann verpasst gerade das Leben! Links und rechts an deiner Hand feiern zwei wundervolle Menschen einen fantastischen Wellengang. Und du stehst hier wie ein Trauerkloß und hängst den Gedanken von letzter Woche nach. Sei hier! Hier ist das Leben. Die letzte Woche ist vorbei. Und die nächste Woche kommt erst noch. Hör auf zu grübeln und feiere mit! Sonst verpasst du das Leben – und davon hat niemand etwas. Schau, sind diese Wellen nicht herrlich? Diese Wellen wollen gefeiert werden!"

Ich glaube, dass dies die Stimme Gottes war, die mich daran erinnerte, das Leben nicht zu verpassen. Und sie hatte recht. Ich habe dann noch ein bisschen mitgefeiert. Aber dieser Tag bleibt wohl für immer in meinem Gedächtnis als eine Warnung, wie leicht wir das Leben verpassen, wenn wir den Kontakt zu unserer Seele verloren haben. Ein gesunder Rhythmus hilft uns, in der Gegenwart zu leben und dort wirklich präsent zu sein.

Aber wie können wir unseren Rhythmus wiedergewinnen? Wie gelingt es, neu in einen guten Rhythmus hineinzufinden? Eines ist sicher: In einen guten Rhythmus driften wir nicht einfach so hinein. Es geschieht nicht einfach, wenn wir die Dinge laufen lassen. Ein guter Rhythmus ist kein Produkt des Zufalls. Er kommt nicht über Nacht oder entsteht einfach so.

Um einen guten Rhythmus zu entwickeln, bedarf es vor allem eines: Übung. Regelmäßig das gleiche Gute tun, immer wieder. Aber bevor wir uns den Übungen zuwenden, lassen Sie uns einen Moment darüber nachdenken, was bei Veränderung grundsätzlich nötig ist – auch und vor allem, wenn es um Rhythmus geht.

Kapitel 4

Wieder in den Rhythmus zurückfinden

Man wird nicht im Schnellverfahren heilig.
Bruder Lorenz[19]

Wer seinem Leben einen neuen Rhythmus geben will, der wird schnell feststellen, dass es gar nicht so leicht ist, die alten Strukturen und Muster zu verändern. Jede Veränderung in unserem Leben bedeutet zugleich einen schmerzhaften Abschied von etwas Vertrautem. Wir verlieren mit der Veränderung etwas, das uns ans Herz gewachsen ist, an das wir uns gewöhnt haben. Wir verlassen bei einer Veränderung bekanntes Terrain und laufen Gefahr, Fehler zu machen. Fehler, die wiederum mit Schmerzen verbunden sind. Und Schmerz mögen wir nicht. Der innere Drang, Schmerz zu vermeiden, ist in uns sehr mächtig, weshalb Schmerzvermeidung einer der frühesten Impulse ist, den wir entwickelt haben, und er begleitet uns unser Leben lang.

Vor einigen Jahren stand bei uns die Renovierung unseres Badezimmers an. Ein Heizungsrohr, das im Boden verlief, war undicht, und da das Bad ohnehin dreißig Jahre alt war, sollte und musste nun etwas geschehen. Ich freute mich auf diese Veränderung, auch wenn zunächst viel Dreck und Arbeit damit verbunden waren.

Ganz anders meine Kinder. Sie wollten kein neues Bad. Sie liebten das alte Bad. Sie störten sich nicht an den unansehnlichen Fugen, den hässlichen hellblauen Kacheln, der lecken Duschkabine – es war eben *ihr* Bad! Sie sahen auch nicht ein, warum wir etwas verändern sollten. Es funktionierte doch alles noch. Das vertraute alte Bad gab ihnen Sicherheit. Und sie mochten keine Veränderung. Sie wollten, dass alles so blieb, wie es war.

In einem Umfeld, in dem Schmerzvermeidung das höchste Gut ist, hat Veränderung kaum eine Chance. Es sei denn, wir finden etwas, das stärker ist als der Impuls zur Schmerzvermeidung. Wir brauchen etwas, das uns dazu motiviert, zeitlich begrenzte Schmerzen in Kauf zu nehmen, weil etwas Besseres auf uns wartet. Erst dann sind wir bereit, die Veränderung in Angriff zu nehmen. Nur wenn uns das Neue wirklich erstrebenswerter erscheint als das Alte, hat Veränderung eine Chance.

Meine Heirat war eine solche enorme Lebensveränderung. Dreiundzwanzig Jahre meines Lebens war ich Single gewesen. Das war in der Kindergartenzeit auch durchaus angebracht, wurde in der Schulzeit mehr und mehr infrage gestellt und sollte sich nun während des Studiums endgültig verändern. Diese Lebensveränderung stellte einen Abschied dar. Ich musste zum Beispiel meine Freiheit aufgegeben, die Freiheit, noch „auf dem Markt" zu sein. Ich musste meine Neigung, Entscheidungen allein zu treffen und Dinge mit mir selbst auszumachen, aufgeben zugunsten von vielen Gesprächen und gemeinsam getroffenen Entscheidungen. Ich musste meine kleine Studentenbude aufgeben, die elf Quadratmeter im Studentenwohnheim, in denen ich die vergangenen zweieinhalb Jahre mit meiner Schrankwand verbracht hatte. Von alldem musste ich mich verabschieden.

Aber soll ich Ihnen etwas sagen? Ich habe mich um diese Veränderung meines Lebens geradezu gerissen. Ich habe sie herbeigesehnt. Ich habe mich intensiv darum beworben. Ich habe nachts wach gelegen und die Stunden bis zum Tag der Veränderung gezählt. Und wissen Sie, warum? Weil das, was ich dann gewann, viel besser war als das, was ich bislang hatte.

Das, von dem ich mich verabschieden musste, zählte im Vergleich zu dem, was ich gewonnen habe, überhaupt nicht – eine Partnerin, ein Gegenüber, eine Gefährtin, eine Geliebte, eine Ehefrau. Und ein gemeinsames Leben mit einem Menschen, mit dem ich immer tiefer eintauche in das gemeinsame Verständnis füreinander, in Vertrauen und Liebe, in Respekt und Faszination.

Jahre später bekamen wir Kinder. Diese Veränderung meines Lebens erscheint mir noch tiefgreifender als der Entschluss zu heiraten. Von einem Tag auf den anderen waren wir für ein kleines Bündel Leben verantwortlich. Wir haben uns die Nächte um die Ohren geschlagen, bei Kinderärzten und in der Notaufnahme gesessen, uns Gedanken um Kindergarten und Schule gemacht – unsere Töchter haben unser Leben enorm verändert. Und manchmal frage ich mich ernsthaft, was wir früher mit unserer Zeit eigentlich angefangen haben, als wir noch keine Kinder hatten. Und dennoch: Auch diese Veränderung unseres Lebens haben wir wie kaum etwas anderes herbeigesehnt. Denn das, was wir aufgegeben haben, stand in keinem Verhältnis zu dem wunderbaren Leben, das wir geschenkt bekamen. In unserem Fall gleich zweimal.

Menschen haben also nicht grundsätzlich etwas gegen Veränderung. Sie brauchen nur einen guten Grund für die Veränderung. Einen Grund, der einleuchtet, der klarmacht, warum der Abschied, der temporäre Schmerz der Veränderung es wert ist und warum das Neue, das da auf uns wartet, besser ist.

Dallas Willard lehrt in „Living A Transformed Life Adequate To Our Calling", dass jeder gelungene Veränderungsprozess sich in einem Dreierschritt vollzieht: Vision – Intention – Methode (www.dwillard.org/articles).

Vision

Am Anfang steht eine Vision. „Eine Vision ist ein Bild von der Zukunft, das in uns Leidenschaft weckt", sagt Bill Hybels. Die Vision beschreibt ein Ziel, eine Sicht dessen, was werden soll. Die Vision lässt vor unserem inneren Auge eine Szene aufleuchten, die uns zeigt, was werden kann. Wie etwas einmal aussehen wird. Welches Ziel wir einmal erreicht haben wollen. Darüber hinaus wecken Visionen Leidenschaft! Es geht dabei nicht nur um schlichte Ziele. Visionen rufen etwas in uns wach. Eine tiefe Sehnsucht. Eine heilige Unzufriedenheit. Einen dringenden Wunsch, dass aus dieser Vision Wirklichkeit wird.

Für manche Menschen geht es dabei um ein eigenes Haus, ein tolles Auto, einen teuren Urlaub oder abgesicherte finanzielle Verhältnisse. Für andere Menschen ist es eine Karriere oder ein Vorstandsposten. Wieder andere verfolgen die Vision eines muskelbepackten, durchtrainierten, gesunden Körpers. Eine Vision zeigt ein Ziel auf, das ich so anziehend finde, dass ich alles geben würde, um es mit großer Leidenschaft zu erreichen.

Was ist das Ziel, das Sie erreichen wollen? Was ist das Bild der Zukunft, das in Ihnen Begeisterung entfacht und Leidenschaft weckt? Am Anfang steht immer eine Vision, und diese beschreibt, wohin Sie wollen. Vision in diesem Sinne hat nichts mit nächtlichen Träumen zu tun, mit Erscheinungen oder mystischen Erlebnissen nach einer vierzigtägigen Fastenzeit. Vision meint eine klare Vorstellung von dem, was geschehen soll, was werden soll, was wachsen und entstehen soll.

Auch wenn Altkanzler Helmut Schmidt den bemerkenswerten Satz geprägt hat: „Wer Visionen hat, soll zum Arzt gehen!“, so glaube ich doch kaum, dass der ehemalige Regierungschef nicht auch eine klare Vorstellung von dem hatte, worauf sein politisches Handeln abzielte und welchen Weg er mit seiner Politik beschreiten wollte. Je klarer die Vorstellung von einem Ziel ist, je klarer die Vision, desto entschlossener und zielgerichteter kann man darauf zugehen.

In jedem Veränderungsprozess brauchen wir also eine klare Vorstellung davon, wohin wir uns bewegen wollen. Wir müssen für uns Fragen beantworten wie: Wie sieht das Leben aus, das ich gerne führen möchte? Wie sieht der neue Rhythmus aus, den ich einüben möchte? Was genau möchte ich gerne verändern? Wie soll mein Leben in fünf oder in zehn Jahren aussehen? Kurzum: Was ist das konkrete Ziel, auf das ich hinarbeiten möchte?

Diese Vision gilt es so konkret wie nur möglich zu benennen. Es hilft nicht, einfach nur zu sagen: „Ich will gesünder leben“, „Ich will weniger Süßigkeiten essen“, oder: „Ich werde mehr Sport treiben.“ All das sind allgemeine Aussagen, die nicht konkret sind. Sie meinen alles und gar nichts. Visionen hingegen zeichnen ein konkretes, beschreibbares Bild:

- „Ich hätte gerne einen Waschbrettbauch!“
- „Ich will ein Haus in Schottland, einen Mercedes, einen englischen Garten und zweimal im Jahr in der Südsee Urlaub machen.“

- „Ich will, dass unsere Gemeinde bis zum Jahr 2020 ihre Besucherzahl verdoppelt hat, dass wir in einem modernen Gemeindezentrum zu Hause sind, das den Bedürfnissen einer relevanten Gemeinde entspricht, und ich möchte, dass jede Veranstaltung so geplant wird, dass Menschen sich wohlfühlen, auch wenn sie nicht mit Kirche oder Glauben vertraut sind."
- „Ich möchte in jedem wachen Moment im Bewusstsein der Nähe Gottes leben und seine Liebe spüren und genießen."

Visionen sind konkret und gerade deshalb überprüfbar.

Intention oder: Mit voller Absicht

Nach einer Vision folgt die Intention oder auch Absicht. Damit meine ich, dass ich mir diese Vision zu eigen mache. Ich peile dieses Ziel an. Ich mache es zu *meinem* Ziel. Ich halte für mich fest, dass ich dieses Ziel erreichen will, und ich übernehme die volle Verantwortung dafür, dass alles in meiner Macht Stehende geschieht, damit ich dieses Ziel erreiche.

Visionen gibt es wie Sand am Meer: „Wäre es nicht toll, wenn wir dieses oder jenes erreichen würden? ... Wäre es nicht prima, wenn unsere Gemeinde so aussehen könnte? ... Wäre es nicht fantastisch, wenn ich zwanzig Kilo weniger auf den Rippen hätte?" An Visionen herrscht kein Mangel, aber es gibt nur wenige Menschen, die sich eine Vision zu eigen machen und erklären, dass diese Vision *ihre* Sache ist. ***Viele Visionen beginnen mit den Worten: „Jemand müsste mal", aber***

diese Visionen werden niemals Wirklichkeit. Denn Jemand ist gerade mit etwas anderem beschäftigt und auch Irgendwer hat momentan keine Zeit.

Meine Vision nimmt nur dann Gestalt an, wenn ich aufstehe und diese Vision zu meiner Sache mache. Ihre Vision wird nur dann Wirklichkeit, wenn Sie aufstehen und die Vision zu Ihrer Sache machen. Es sind nicht die Visionen, die uns fehlen – es sind die Menschen, die sich dahinterstellen. Es sind die Menschen, die bereit sind, den Preis zu zahlen, den eine Vision kostet, denn nur dann „gehört" sie ihnen auch.

„Der Flügel ist da!"

Stellen Sie sich bitte einmal Folgendes vor: Sie haben Ihr ganzes Leben davon geträumt, Klavier spielen zu können. Aber irgendwie hat sich nie die Gelegenheit dazu ergeben. In Ihrer Kindheit waren Klavierstunden zu teuer, später waren Sie zu beschäftigt, und außerdem konnten Sie sich das Instrument nicht leisten ... Eines Tages klingelt es an Ihrer Tür und draußen stehen zwei Männer in blauen Arbeitsoveralls.

Die beiden Männer lächeln breit und sagen verheißungsvoll: „Der Flügel ist da!"

Während Sie freundlich zurücklächeln, versuchen Ihre Gehirnwindungen verzweifelt, die Bedeutung dieses schlichten Satzes zu erfassen. Aber sosehr Sie sich auch anstrengen – Sie begreifen einfach nicht, was gemeint ist. Also hören Sie sich selbst ein wenig ratlos sagen: „Der Flügel???"

„Ja, ein echter Schimmel!" Das Lächeln des einen

Blaumannes wird noch breiter. „Wo sollen wir das gute Stück denn hinstellen?“ Da hat Ihnen doch wahrhaftig jemand einen Flügel geschenkt – und Sie haben keine Ahnung, wer.

In den nächsten Tagen erhalten Sie mehrfach Post von Internet-Buchläden. Darin finden Sie Noten und auch eine Klavierschule. Ebenfalls geschenkt. Und schließlich – zur Krönung des Ganzen – steht auch noch ein Klavierlehrer vor der Tür. Die Klavierstunden sind schon im Voraus bezahlt, Sie brauchen nur noch anzufangen.

Ein anonymer Spender, der Ihren geheimen Wunsch kannte, hat für alles gesorgt – das Instrument, die Noten, den Lehrer. Was Ihnen da passiert ist, könnte man mit dem Wort „Gnade“ bezeichnen. Sie wurden unverdient überreich beschenkt. Und dennoch bleibt in dieser Geschichte eine Frage offen: Werden Sie Klavierspielen lernen? Werden Sie Ihre angeborene Musikalität wecken und beginnen, das Instrument zu beherrschen? Damit dies geschieht, bedarf es nämlich etwas, das über das Instrument, die Noten und den Lehrer hinausgeht, aber ohne dieses Etwas wird es nichts werden mit Ihrem Klavierspiel. Dieses Etwas ist Ihr Entschluss zu üben!

Sie müssen sich die Umsetzung des Traumes zu eigen machen. Und das bedeutet, Sie müssen beschließen, den Preis zu zahlen und hart zu üben. Nur so wird Ihr Traum in Erfüllung gehen können. Es hängt alles an der Frage, ob Sie sich dazu entschließen, die angebotene Gnade auch zu ergreifen und alles zu tun, damit Sie

Klavierspielen lernen. Und dies bedeutet neben den Klavierstunden vor allem: üben, üben, üben.

Aber dies liegt weder in der Hand des Spenders noch in der des Klavierlehrers, und auch die besten Noten werden Ihnen das nicht abnehmen. Es ist Ihr Job!

Eine Vision ohne Intention, eine Vision ohne jemanden, der sie sich zu eigen macht, wird niemals Wirklichkeit werden.

Last, but not least: Methoden

Das Dritte, was in diesem Dreierschritt noch fehlt, sind die Methoden, die man anwendet, um die Vision in die Tat umzusetzen: Was genau will ich tun, und welche Mittel helfen mir dabei, das Ziel auch wirklich zu erreichen?

Für das Klavierspielen sind eine Klavierschule, Unterricht und jede Menge Fingerübungen schon mal ein guter Anfang. Sie sind geeignete Werkzeuge, um Klavierspielen zu lernen. Würde man sich einfach nur die Noten der Mondschein-Sonate einprägen, wäre das wenig sinnvoll.

Die Methoden müssen also dem Ziel entsprechen, das man erreichen will. Alles andere ergibt wenig Sinn. Und doch werden hier viele Fehler gemacht, weil Menschen sich für Methoden manchmal mehr begeistern als für das Ziel.

Ich bin seit einer Reihe von Jahren in der Beratung von Kirchen und Gemeinden tätig und erlebe dieses Phänomen dabei sehr oft: Menschen begeistern sich für eine Methode, ohne dass allen das Ziel klar ist, das man mit der Methode anvisiert.

Gästegottesdienste sind zum Beispiel eine Methode, um Menschen, die nicht (mehr) zur Kirche gehen, neu zu gewinnen. Dabei geht es im Kern darum, Menschen auf relevante Weise die gute Nachricht zu präsentieren. Völlig begeistert haben in den vergangenen Jahren viele Kirchen und Gemeinden die Idee von Gästegottesdiensten aufgegriffen – aber das Ziel war gar nicht allen klar. Stattdessen ging es in vielen Gemeinden nur um „Theater und Schlagzeug". Und so wurde der Gästegottesdienst zum Streitobjekt, und man stritt sich trefflich über Musikstil, Theater oder nicht, Orgel rein, raus oder vielleicht doch lieber das Schlagzeug. Man bekriegte sich über eine Methode, aber das eigentliche Problem war, dass nicht allen das gemeinsame Ziel klar war, in dessen Dienst die Methode stand. Man hatte sich die Vision einer „ansteckenden" Gemeinde nicht gemeinsam zu eigen gemacht und so war häufig der Schaden größer als der Nutzen.

Wer keine klare Vision hat, kann die tollsten Methoden anwenden, sie werden immer ins Nirgendwo führen.

Das ist, als würde man im Baumarkt sagen: „Ich weiß zwar nicht, was ich bauen will, aber ich kauf schon mal die Motorsäge – die lacht mich so an!" Nur: Was wollen Sie mit der Motorsäge, wenn die Aufgabe „Tapezieren" lautet?

Oder stellen Sie sich vor, Sie gehen zu einer Autovermietung und sagen: „Ich weiß zwar nicht, wohin ich will, aber geben Sie mir schon mal den Ferrari!" Sollte Ihr Ziel in den verschneiten Alpen oder in unwegsamem

Gelände liegen, wäre es klüger gewesen, einen Geländewagen mit Allradantrieb zu nehmen.

Die Vision bestimmt also die Methode – nicht umgekehrt. Das Werkzeug hat nur dienenden Charakter, und es ist gut, solange es auf dem Weg zur Vision hilfreich ist. Wenn das Werkzeug, wenn die Methode die Vision jedoch ersetzt hat („Hauptsache, wir machen jetzt Gästegottesdienste"), dann ist das Scheitern, der Streit oder der Stillstand vorprogrammiert.

Und ein letzter Gedanke: Wer sich die Vision nicht zu eigen gemacht hat, der wird jedes Werkzeug als ungeeignet ablehnen, denn er hat nichts zu verlieren. Und es ist auch fruchtlos und führt zu nichts, mit den Betreffenden zu verhandeln. Also stellen Sie sicher – für sich selbst und, wenn Sie gemeinsam unterwegs sind, auch mit anderen –, ob wirklich alle das Ziel mit aller Hingabe unterstützen wollen. Alles andere ergibt keinen Sinn!

Viele Menschen sehnen sich nach einem stabilen Leben, verlässlichen Beziehungen, tiefem Glauben und einer lebendigen Gottesbeziehung. Sie hätten gerne den inneren Frieden, der alles menschliche Verstehen übersteigt, wünschen sich tiefes Vertrauen zu Gott und innere Kraft, um den Stürmen des Lebens entgegenzutreten. Aber haben sie sich dieses Ziel auch zu eigen gemacht? Und haben sie die Methoden ausgewählt, die geeignet sind, das Ziel zu erreichen? In den folgenden Kapiteln finden Sie ein paar praktische Vorschläge und Methoden, die Ihnen helfen können, neu oder erneut zu einem geistlichen Lebensrhythmus zu finden.

Diese Vorschläge erheben weder den Anspruch auf

Vollständigkeit, noch sollten sie genau so umgesetzt werden, wie ich sie beschreibe. Sie sind mögliche Werkzeuge, die Ihnen eine Hilfe, eine Inspiration, eine Ermutigung sein sollen.

Bevor Sie sich nun den praktischen Ideen, den Methoden und Werkzeugen zuwenden, bitte ich Sie, einen Moment innezuhalten und über diese beiden Fragen nachzudenken:

1. „Was ist die Vision für mein Leben, wenn ich an das Thema ‚Lebensrhythmus' denke?"
2. „Ist dies *meine* Vision? Habe ich mir diese Vision zu eigen gemacht?"

Sprechen Sie mit Gott über diese beiden Fragen und formulieren Sie für sich eine Antwort. Und dann, aber bitte erst dann, befassen Sie sich mit den Werkzeugen.

Teil 2

Praktische Übungen für einen geistlichen Rhythmus

Kapitel 5

Das Lebenstempo ausbremsen – das geistliche Journal

Schreiben kann für uns lebensrettend sein.
Und manchmal auch für andere.
Henri Nouwen

Ungestüm und Eile sind Zeichen eines zerstreuten Gemüts.
Bruder Lorenz[20]

Mitte 2009 rief die Weltgesundheitsorganisation WHO aufgrund der sogenannten Schweinegrippe eine weltweite Pandemie aus! Dies bedeutete: Auf der ganzen Welt drohte die Gefahr einer Ausbreitung dieser Krankheit. Millionenfach wurde in Deutschland Impfstoff bestellt. Meldungen von explosionsartigem Ausbreiten und schlimmen Krankheitsverläufen bis hin zu Todesfällen häuften sich. Die Menschen machten sich zunehmend Sorgen, angeheizt durch neue, sich ständig überschlagende Meldungen in den Medien. Impfwillige konnten nicht geimpft werden, da der Impfstoff nicht rechtzeitig in ausreichendem Maße zur Verfügung stand. Daneben kam es zu einer erregten Debatte über den Sinn und Unsinn der Impfung überhaupt und die Verträglichkeit des Impfstoffes im Besonderen. Als die

Welle der Schweinegrippe dann vorüber war, fragte sich mancher, warum das ganze Thema eigentlich so hochgekocht war. Die Schweinegrippe erwies sich als ein normaler Grippevirus. Jedes Jahr geht eine solche Grippewelle durchs Land, jedes Jahr sterben auch einige Menschen an den Folgen der Krankheit. Die Schweinegrippe bildete da also keine Ausnahme und erfüllte die schlimmen Befürchtungen der Fachleute nicht.

Die deutsche Regierung musste nun kleinlaut einräumen, dass man im Zuge der allgemeinen Panik wohl 25 Millionen Impfdosen zu viel geordert hatte. Glückwunsch an die Pharmaindustrie, die allein in Deutschland 150 Millionen Euro für Impfdosen eingenommen hat, die niemand brauchte und die bald darauf auch das Haltbarkeitsdatum überschritten!

Jenseits von Schweinegrippe und anderen Seuchen hat sich in den vergangenen Jahren weltweit unbemerkt eine Epidemie weitaus größeren Ausmaßes ausgebreitet. Gegen diese Krankheit kann man sich nicht impfen lassen, sie hat aber ein ungleich größeres Zerstörungspotenzial als die Schweinegrippe, denn sie zerstört nicht den Körper, sondern die Seele. Die Rede ist von der „Hetzkrankheit"!

Ganze Städte und Landstriche sind von dieser Krankheit bereits flächendeckend infiziert und täglich stecken sich mehr Menschen an. Auch wenn die Hetzkrankheit bisher in keinem Gesundheitsratgeber verzeichnet ist, hat sie zerstörerische Auswirkungen, denn sie raubt den Menschen die Gegenwart und damit den Ort, an dem das Leben stattfindet.

Dass jemand mit der Hetzkrankheit infiziert ist, erkennt man daran, dass er versucht, immer mehr in immer kürzerer Zeit zu erledigen. Die Betroffenen versuchen, immer mehr Dinge in ihr Leben hineinzupacken und möglichst vieles gleichzeitig zu tun, um Zeit zu sparen. Diese gesparte Zeit wird dann darauf verwendet, dass man noch mehr erledigt, um dann auch wieder Zeit zu sparen. Aber die Folgen sind fatal.

Wer immer nur gehetzt durchs Leben geht, der ist niemals dort, wo sich das Leben gerade befindet. Er hetzt dem Leben immer nur hinterher oder jagt ihm voraus. Und dies führt zum Verlust der Gegenwart. Wer so lebt, verpasst den gegenwärtigen Moment, weil er sich Sorgen über das macht, was er noch zu bewältigen hat, oder voller Schmerz über die Dinge ist, vor denen er auf der Flucht ist.

Christian Schwarz, ein bekannter christlicher Autor, erzählte einmal, wie er am Rande des Grand Canyon einen sagenhaften Sonnenuntergang erlebte. Ein Naturschauspiel in Technicolor, bei dem Gott alle Register zog. Dieses Bild hätte die Seele nicht unberührt gelassen – wäre da neben ihm nicht das Ehepaar aus Deutschland gewesen, das während der gesamten Zeit auf der Suche nach der Kamera war![21] Stellen Sie sich das nur einmal vor: Da leuchtet der Himmel, als wäre es das letzte Schauspiel der Weltenzeit. Und neben Ihnen spielt sich folgender Dialog ab:

„Heinz, mach hinne. De Sonne ist ja gleich weg!“

„Isch kann de Kamera einfach net finde!“

„Heinz, isch hab dir gesagt, die liegt im Auto.“

„Neee, isch hab se doch innen Rucksack gepackt. Aber da find isch se net."

„Guck doch mal richtig nach! Beeil dich, de Sonne ist ja gleich weg!"

„Ach, hier ist se ja!"

„Nun komm doch ... Ist denn auch en Film drin? Nu beeil dich doch. Soll isch mich jetzt rechts von de Sonne oder links von de Sonne aufstellen?"

Diese beiden Menschen verpassten einen wundervollen Moment, weil sie viel zu sehr damit beschäftigt waren, den Moment zu konservieren, anstatt ihn zu genießen. In Gedanken waren diese beiden gar nicht wirklich im Grand Canyon. In Gedanken waren sie längst wieder zu Hause auf dem Sofa, wo sie ihren neidischen Nachbarn die Urlaubsdias präsentieren konnten.

„Hier, guck mal, isch am Grand Canyon ... Hach, war das 'ne Aufregung, der Heinz hatte die Kamera verschlampt."

So wie diesen beiden geht es vielen Menschen: Wir sind in Gedanken entweder in der Vergangenheit oder in der Zukunft. Was uns fehlt, ist Gegenwärtigkeit.

Die Hetzkrankheit befällt uns Menschen immer dann, wenn wir zu viele Prioritäten auf einmal haben und versuchen, alles zu schaffen – und infolgedessen gehen wir immer gehetzter durchs Leben. Wir haben verlernt, in unser Leben das einzuplanen, was der amerikanische Theologieprofessor und Autor James Bryan Smith „Margin" nennt.[22] Er bezeichnet damit Spielräume zwischen Verpflichtungen, zeitliche Zwischenräume, Pufferzeiten, die wir einbauen müssen, um während des Tages nicht in Hektik zu verfallen. Stattdessen sind aber unsere Kalender in der Regel randvoll gefüllt mit Terminen, Besprechungen, Verpflichtungen, und wir eilen immer hinter dem nächsten wichtigen Termin hinterher. Wir kommen eine halbe Stunde zu spät zur Mitarbeiterbesprechung in die Gemeinde, weil wir zwanzig Minuten später als geplant beim Aldi ankamen, denn wir waren zehn Minuten später als erwartet beim Friseur fertig, da wir an diesem Morgen nicht pünktlich aus dem Haus kamen – denn keiner hatte daran gedacht, die Hasen zu füttern.

Auf diese Weise rennen wir den ganzen Tag über unserem engen Zeitplan hinterher. Immer in Gedanken bei der nächsten Herausforderung, dem nächsten Termin, der nächsten Aufgabe, die noch zu erledigen ist! Unsere Gesellschaft ist „trunken von Geschwindigkeit" und dabei geht unser Leben den Bach hinunter – und unser Lebensrhythmus gleich mit.

Wer zu einem gesunden Rhythmus zurückfinden will, muss der Hetze erbarmungslos den Kampf ansagen.[23] Niemand entwickelt geistliche Stabilität, wenn er gehetzt ist. Niemand findet einen gesunden Lebensrhythmus, wenn er ständig dem Leben nachjagt. Niemand entwickelt ein stabiles inneres Leben, wenn der Blick ständig zur Uhr geht, weil der nächste Termin, die nächste Verpflichtung, der nächste Auftrag drängt.

Man kann im Reich Gottes nichts, aber auch gar nichts auf gehetzte Weise tun.

Darum brauchen wir dringend etwas, das uns dabei hilft, das Leben zu verlangsamen und unseren hektischen Lebensstil auszubremsen. Die technischen Errungenschaften der vergangenen Jahre haben unser Leben keinen Deut langsamer gemacht. Eher das Gegenteil ist der Fall. Anfang des 20. Jahrhunderts prognostizierte man noch, dass man Ende des Jahrhunderts aufgrund des technischen Fortschritts nur noch etwa fünfunddreißig Stunden pro Monat werde arbeiten müssen; den Rest würde uns die Technik abnehmen. Ist das nicht ein Witz? Fünfunddreißig Stunden pro Monat, nicht pro Woche! Vielleicht treffe ich ja auch immer nur die falschen Leute, aber mir ist noch niemand begegnet, der mit fünfunddreißig Arbeitsstunden im Monat ausgekommen wäre – und vor allem nicht aufgrund des technischen Fortschritts. Aber ich habe viele Menschen getroffen, die sich dringend die Einführung des 35-Stunden-Tages wünschten, damit sie endlich einmal alle ihre E-Mails lesen und beantworten können.

Computer, Internet, Blackberry und Handy haben unser Lebenstempo erhöht, nicht verlangsamt. Wir haben weniger Zeit zur Verfügung als früher, nicht mehr! Der Druck der ständigen Verfügbarkeit ist gewachsen. Immer erreichbar, immer ansprechbar, immer auf Abruf – dies gestattet uns keinen Augenblick des Innehaltens, des Rückzuges, und es versetzt die Seele in jenen unseligen Unruhezustand, der uns letztlich leerlaufen lässt. Anfällig für die Sünde, unzufrieden mit uns selbst und dem Leben, ohne zu wissen, was mit uns los ist. Aber vor allem beschäftigt. Hetze ist eine weltweite Pandemie – zumindest in der westlichen Welt. In Afrika sieht das noch anders aus. Dort sagt man: „Als Gott die Welt schuf, gab er den Europäern die Uhr und den Afrikanern die Zeit." Aber nun kann nicht jeder von uns nach Afrika umsiedeln. Was also tun?

John Ortberg schlägt in „Abenteuer Alltag. Ein ganz normaler Tag mit Jesus"[24], einem seiner Arbeitsmaterialien, verschiedene Übungen vor, um der Hetze den Kampf anzusagen. Kleine Übungen, mit denen man dem ständigen Getriebensein das Rückgrat brechen kann. Er rät: Üben Sie sich darin, langsamer zu gehen, langsamer zu sprechen, langsamer zu essen ... Kauen wäre auch eine Option!

Verbringen Sie mehr Zeit mit Kindern und begeben Sie sich auf Augenhöhe mit ihnen.

Entrümpeln Sie Ihr Leben, werfen Sie Überflüssiges weg oder verschenken Sie es.

Investieren Sie bewusst Zeit in Aktivitäten, die Ihnen wirklich Energie geben, die Ihren inneren Vorratsspeicher wirklich auffüllen. Stellen Sie sich zum Beispiel einmal ehrlich die Frage: Wie viel neue Energie haben Sie nach einem Abend vor dem Fernseher wirklich? Finden Sie heraus, welche Aktivitäten Ihnen wirklich neue Energie schenken, und integrieren Sie diese in Ihren Alltag.

Das geistliche Tagebuch

Es gibt eine Übung, die mir persönlich in den vergangenen Jahren in diesem Zusammenhang am wichtigsten geworden ist. Sie hat sich als das effektivste Mittel erwiesen, der Hetze in meinem Leben den Kampf anzusagen. Bei dieser Übung handelt es sich um das Führen eines „geistlichen Tagebuches" – in manchen Kreisen auch Journal[25] genannt.

Bevor Sie jetzt die Augen verdrehen und schnell zum nächsten Kapitel weiterblättern – warten Sie bitte einen Moment. Ich rede hier nicht von einem Tagebuch, in dem steht, was ich heute getan habe, was es zu Mittag gab oder wie das Wetter war.

Ohne Witz: Als Jugendlicher habe ich so was aufgeschrieben. Ich habe über Jahre Buch darüber geführt, was ich an den einzelnen Tagen gemacht habe, und aus Gründen, die mir bis heute völlig schleierhaft sind, habe ich auch jeden Tag aufgeschrieben, was es zum Mittagessen gab. Anhand dieser Aufzeichnungen könnte man wirklich eine lückenlose Rekonstruktion meiner Ernährung in der Pubertät aufstellen. Ist das nicht toll?! Nun, auch wenn Ihre Begeisterung sich jetzt in Grenzen hält – sollte ich mal hundertdreißig Jahre alt werden, könnte ich mit diesen Daten richtig Geld verdienen.

Doch zurück zum geistlichen Tagebuch.

Keine Übung hat mir in den vergangenen Jahren so geholfen, mein Lebenstempo zu reduzieren, wie mein Gebetstagebuch. Keine Übung hat mir so gut dabei geholfen, über mein Leben nachzudenken, das Erlebte zu reflektieren und einen festen Rhythmus zu entwickeln, wie diese.

Meinem Journal verdanke ich eine große Anzahl von Einsichten, die ich durch das Aufschreiben vor dem Vergessen bewahren konnte und die so eine Chance hatten, sich in meinem Leben und Glauben zu verankern. Diesem Buch verdanke ich, dass ich meinem Leben und meiner Seele so viel Aufmerksamkeit gewidmet habe. Ich hätte vieles verpasst, hätte es nicht diese tägliche Zeit gegeben, in der ich das Tempo rausnehme, zurückschaue, in meine Seele hineinhöre und festhalte, was mich beschäftigt.

Mein geistliches Tagebuch hilft mir, mit meiner Seele in Kontakt zu bleiben. Diesen Kontakt hatte ich zeitweise verloren, aber heute trägt das tägliche Schreiben zu einem gesunden Rhythmus bei und ist zu einem festen Anker in meinem Tagesablauf geworden. Das Tagebuchschreiben hilft mir, meine Gedanken in Worte zu fassen, meine Gefühle und Empfindungen auszudrücken und wichtige Erkenntnisse festzuhalten.

Ich bin ein sehr aktiver Mensch und daher stellt das Schreiben für mich die optimale Mischung dar: Ich kann einerseits aktiv etwas tun, bin aber gleichzeitig durch das Schreiben gezwungen, einen Gang zurückzuschalten, nachzudenken, zu reflektieren und sacken zu lassen.

Die Art und Weise, wie und was ich aufschreibe, hat sich allerdings über die Jahre verändert.

Wie alles begann …

Ihren Anfang nahmen meine Tagebuch-Erfahrungen mit einem Impuls von Bill Hybels, dem leitenden Pastor der *Willow Creek Community Church*. Sein erstes Buch über Gebet[26] brachte mich auf die Idee, meine Gebete aufzuschreiben. Hybels beschrieb damals Probleme, auf die auch ich stieß, wenn ich versuchte, über einen längeren Zeitraum zu beten. Da sei das Aufschreiben ein echter Durchbruch für ihn gewesen, erklärte er. Sein „Journal", wie er es nannte, hatte ihm geholfen, zu einer völlig neuen Art des Betens zu finden.

„Journal" – zum ersten Mal stieß ich hier auf diesen Begriff, der in meinen Ohren seltsam klang. Für mich hörte sich das nach irgendwas zwischen Modezeitschrift und Spätnachrichten an.

Aber wenn's hilft!, dachte ich und beschloss, das mit dem Schreiben einmal auszuprobieren. Dabei motivierte mich besonders der Hinweis von Hybels, dass alle großen geistlichen Denker und Impulsgeber, die er kannte, eines gemeinsam hatten: Sie führten ein Tagebuch!

Na ja, dann ...

Im Mai 1997 schrieb ich meine ersten Worte in mein Journal. Ich folgte dabei dem Vorschlag von Hybels, das Gebet in vier Themenbereiche aufzuteilen: Anbetung, Bekenntnis, Dank und Bitten. Unter diesen Überschriften reflektierte ich dann den vergangenen Tag.

Anbetung

Was lässt mich im Rückblick auf den Tag über Gott staunen? Wie kann ich meine Liebe zu ihm ausdrücken? Wie kann ich ihn beschreiben? Ich versuchte, schriftlich über Gott nachzudenken. Versuchte, in Worte zu fassen, wie er ist und was er tut. Ich versuchte auszudrücken, was seine Größe für mich bedeutet und wie ich sie verstehe. Zuerst war das ein bisschen ungewohnt. Komplimente für Gott aufzuschreiben wirkte irgendwie seltsam. Aber es half mir, das in Worte zu kleiden, was ich über Gott dachte. Im Laufe der Zeit bekam ich Übung. Und ein nicht unwesentlicher Effekt war, dass ich zu Beginn meiner Tagebuchzeit den Blick zuerst auf Gott richtete – und damit weg von mir! Ich dachte nicht zuerst über *meinen* Ärger, *meine* Probleme, *meine* Sorgen nach. Der Blick ging von der Erde zunächst in Richtung Himmel – und hat dadurch manches, das folgte, relativiert!

Bekenntnis

Dann kam der schwerste Part! *Was habe ich seit gestern zu bekennen? Wo habe ich seit meinem letzten Eintrag falsche Entscheidungen getroffen? Wo habe ich versagt?* Hier wurde es heikel. Es ist ein gewaltiger Unterschied, ob ich Gott allgemein bitte, mir meine Schuld zu vergeben, oder ob ich schreibe: „Herr, gestern habe ich in dem Gespräch mit X gelogen!“ Oder: „Herr, gestern habe ich mich vor anderen über Y lustig gemacht und furchtbar über ihn hergezogen! Das war falsch!“

Wenn ich schwarz auf weiß aufschreibe, was ich verbockt habe, dann ist mir das unangenehm. Ich möchte diese Seite von mir gerne verdrängen, sie leugnen. Fehler und Fehlverhalten aufzuschreiben macht mich verletzlich! Und immer wieder der Gedanke: Was ist, wenn das in falsche Hände gerät?

Manchmal hat es mich viel Überwindung gekostet, etwas nicht schönzureden, sondern schonungslos zu benennen, was schiefgelaufen ist. Manchmal wollte ich nicht aufschreiben, was mir einfiel, und an einigen Tagen ist mir auch partout nichts eingefallen, was ich bekennen könnte – dafür hatte ich aber eine Menge Ideen, was andere bekennen könnten ...

Das Ganze war wie ein Reinigungsprozess. Indem ich mein Bekenntnis vor Gott brachte, hörte ich auf, mir in die eigene Tasche zu lügen. Ich bekam eine schmerzliche, aber realistische Sicht auf mich selbst. Ich hatte große Ziele, war gerne für Gott unterwegs, aber ich war und bin nach wie vor ein Sünder, der scheitert! Einer, der immer wieder etwas zu bekennen hat! Der versagt. Der Dinge schuldig bleibt, der falsche Entscheidungen trifft und der einen Teil in sich trägt, der die Dunkelheit mehr liebt als das Licht.

Dank

Im dritten Teil konnte ich dann aufatmen, denn nun kam der Dank! *Wofür bin ich im Blick auf den gestrigen Tag dankbar? Was gab es an Gutem in meinem Leben?* Hier dachte ich viel an meine Ehe; Kinder hatten wir damals noch keine. Ich dachte an meine Freunde, meine Arbeit, unser Zuhause. Hier habe ich nachgedacht und aufgeschrieben, was gut läuft. Das war wichtig, denn vieles, was gut gelaufen ist, hätte ich womöglich für selbstverständlich genommen und schlicht übersehen. Das ganz Alltägliche rückte auf diese Weise immer wieder in mein Blickfeld: dass ich gesund war. Dass ich ein Dach über dem Kopf hatte. Dass wir in Urlaub fahren konnten.

Bitten

Im letzten Teil meines Gebetes kam dann der Teil mit den Bitten – persönliche Anliegen, die Familie, Aspekte meiner Arbeit, die Konflikte, die Herausforderungen, die Not von anderen, Fürbitte für die Welt – in diesem Bereich habe ich viele Themen behandelt. Es gab eine Liste mit Namen von Menschen, denen ich mein Gebet zugesagt hatte. Aber immer wieder auch einfach nur die Bitte, mich durch den kommenden Tag zu führen und zu begleiten.

Hören

Als ich alle vier Punkte meiner Agenda abgehakt hatte, wurde es noch mal spannend, denn nun fragte ich: *Herr, was hast du auf dem Herzen?* Und dann habe ich aufmerksam gelauscht, habe versucht, Gottes Stimme zu hören, und habe die Eindrücke, die mir kamen, aufgeschrieben! Oftmals hörte ich hin und es passierte nichts. Dann wieder kam es vor, dass Gott seinen Finger auf eine Wunde legte und mich auf ein Defizit ansprach. Manchmal überwältigte mich aber auch einfach die Liebe, und ich schrieb gar nichts mehr auf, sondern tauchte in Gedanken in diesen warmen Strom ein, der mich mit Liebe überschüttet hat!

So habe ich fast zweieinhalb Jahre geschrieben.

Es hat mir geholfen, einen Rhythmus zu entwickeln. Ich musste nicht mehr entscheiden, ob ich all diese Dinge nun niederschrieb oder nicht – ich tat es einfach. Und im Laufe der Zeit ging es mir dann in Fleisch und Blut über. Es wurde zu einer guten Gewohnheit!

Dann kam der Bruch ...

Nach zweieinhalb Jahren veränderte sich jedoch etwas. Meine Übung kam mir irgendwie leer vor. Ich schrieb immer das Gleiche – ich betete quasi im Autopilot. Ich verlor auch die Lust am Schreiben! Die vier Stichwörter abzuarbeiten kam mir mit der Zeit irgendwie zu mechanisch vor.

Im September 1999 schrieb ich in mein Tagebuch: „Ich will nicht weiter Gebete aufschreiben, sondern Gedanken und geistliche Erlebnisse."

Also schrieb ich auf, was mir durch den Kopf ging oder was mir berichtenswert erschien.

In dieser Zeit hielt ich manch absurde Situation meines Gemeindedienstes fest, Erlebnisse, die mich heute noch zum Schmunzeln bringen und die ohne mein Tagebuch längst vergessen wären. Ich konzentrierte mich beim Schreiben mehr auf Äußerlichkeiten – ich war innerlich nicht mehr dabei, ohne dass ich sagen könnte, woran das lag! Ich schrieb unregelmäßiger, verlor meinen Rhythmus. Zwischen 1999 und 2001 dümpelten meine Aufzeichnungen nur noch vor sich hin.

Dennoch: In dieser Zeit bekam ich einige wichtige Impulse. Ich schrieb tolle Ideen und Beispiele auf, die mich tief getroffen hatten. Heute sind diese Beispiele wichtige Elemente meiner Vorträge. Wenn ich in meinen Aufzeichnungen blättere, dann staune ich oft und entdecke: *Hey, daher hast du das also! Damals hast du das zum ersten Mal gehört oder gedacht oder aufgenommen*. Es ist auch ein bisschen entlarvend, denn manche dieser Gedanken habe ich mittlerweile für meine eigenen gehalten. Aber mein Tagebuch verrät mir, woher diese Gedanken wirklich stammen!

Wären diese Geschichten, Bilder und Gedanken auch Teil meines Lebens geworden, wenn ich sie nicht aufgeschrieben und festgehalten hätte? Einige vielleicht, andere sicher nicht! Und dennoch: Ich glaube fest, dass der Vorgang des Aufschreibens mir geholfen hat, diese Gedanken in mein Denken aufzunehmen. Auf diese Weise konnte ich sie immer mal wiederholen und ihnen damit Gelegenheit geben, sich tief in meiner Seele zu verankern.

Kontakt zur eigenen Seele

2002 schrieb ich ganze 12 Seiten in mein Tagebuch. Ich war kurz davor, das Experiment zu beenden, als 2003 eine Veränderung eintrat!

Meine Frau war im Mai zu einem Seminar mit dem amerikanischen Autor Gordon MacDonald gefahren und hatte mir die Mitschnitte der Vorträge auf Kassette mitgebracht. Gordon MacDonald hatte über „Journaling" referiert – also genau mein Thema! Beim Anhören der Kassetten blieb ein Stichwort besonders bei mir hängen. Gordon bezeichnete sein Journal als Werkzeug, mit dessen Hilfe er den „Kontakt zur eigenen Seele" nicht verlor! Dieses Stichwort hakte sich in mir fest!

Im Sommerurlaub 2003 war ich körperlich, geistlich und seelisch sehr ausgelaugt. Die Konflikte in der Gemeindearbeit hatten sich hochgeschaukelt und es fiel mir schwer abzuschalten.

Meine Frau und meine Kinder erlebten einen gereizten, ungeduldigen, völlig in sich zurückgezogenen Ehemann und Vater. Die ersten Urlaubstage waren voller Spannungen und Streit. Ich wusste nichts mit mir anzufangen. Ich hatte den Kontakt zu meiner Seele verloren. Immer wieder tauchten diese Worte in mir auf!

Am dritten Tag des Urlaubs kaufte ich eine Schreibkladde, setzte mich in den Garten und begann zu schreiben! „Kontakt zu meiner Seele" – genau das war es, was mir fehlte. Was war in mir? Was musste raus? Was lauerte unter der Oberfläche meiner bewussten Gedanken? Ich schrieb alles auf, was mir in den Sinn kam! Oft begann ich mit den Albträumen der vergangenen Nacht.

Mit meiner Unruhe, mit meiner Zerrissenheit. Die Worte flossen nur so aus mir heraus, es war, als hätte jemand einen Stöpsel gezogen. Aber indem ich die Gedanken in Worte fasste, klärten sie sich, ordneten sich. Meine Ängste kamen an die Oberfläche und verloren ein wenig von ihrer beherrschenden Gewalt, indem ich sie aufschrieb! Meine Seele wurde wieder freier, und oft mündete alles, was ich schrieb, in einem Gebet. Ich las in der Bibel und schrieb meine Gedanken auf, trat ein in einen Dialog mit Gott. Diese Zeit wurde zu einem absoluten Geschenk! Von diesem Tag an ging ich immer in der Mittagspause mit Bibel und Kladde bewaffnet in den Garten und begann zu schreiben.

Anfangs hatte ich noch gezögert, ob es legitim war, sich im Urlaub jeden Tag ein bis anderthalb Stunden von der Familie zurückzuziehen. Aber nach wenigen Tagen sagte meine Frau: „Es passiert etwas mit dir, wenn du schreibst. Du solltest das unbedingt fortsetzen!"

Seitdem schreibe ich wieder regelmäßig und ohne größere Unterbrechungen. Mittlerweile werde ich sogar nervös, wenn ich mehrere Tage nicht zum Schreiben komme. Ich fürchte, wieder den Kontakt zu meiner Seele zu verlieren.

Im Laufe der vergangenen Jahre hat sich beim Tagebuchschreiben wieder ein fester Rhythmus eingespielt. Ich lese einen Bibeltext, lasse die Gedanken auf mich wirken, und dann schreibe ich auf, was in mir ist, was mich beschäftigt, was in mir nachklingt, was vom letzten Tag noch bedacht werden muss – ohne festen Plan, ohne Agenda!

Und der Übergang zum Gebet ist fließend. Viele meiner Einträge sind nichts anderes als Gebete.

Einmal im Jahr werte ich meine Aufzeichnungen aus. Bei meinem jährlichen Klosteraufenthalt lese ich, was ich geschrieben habe, und gehe so das Jahr noch einmal mit Gott gemeinsam durch. (Mehr dazu in Kapitel 7.)

Heute nach über dreizehn Jahren ist mein Tagebuch für mich das wichtigste Instrument auf meiner geistlichen Entwicklungsreise, denn es hat mir geholfen, den Kontakt zu meiner Seele wiederherzustellen – und bis jetzt nicht mehr zu verlieren.

Wie ist das mit Ihnen? Könnte diese Übung Ihnen helfen? Nicht jeder ist ein Schreiber – und das ist völlig in Ordnung so. Meine Frau kann zum Beispiel mit der Übung des Tagebuchschreibens nicht viel anfangen. Sie hat es eine Zeitlang versucht und dann wieder eingestellt. Stattdessen hat sie andere Wege für sich entdeckt. Nicht jedem hilft das Tagebuchschreiben weiter. Aber ob es nicht doch eine Hilfe ist, werden Sie erst dann wissen, wenn Sie es einmal ein paar Wochen lang ausprobiert haben.

Henri Nouwen, der große katholische Autor und Denker, schreibt:

Schreiben kann eine wirkliche geistliche Übung sein, denn es ist ein Hören auf das, was in mir ist. Schreiben kann uns helfen, uns auf die tieferen Regungen unseres Herzens zu konzentrieren und mit ihnen in Kontakt zu kommen; Schreiben kann zu einem Klärungsprozess für unsere ungeordneten Gedanken und Empfindungen werden;

Schreiben regt an, über unsere Erfahrungen nachzudenken und Erlebtes in eine klare Form zu bringen, besondere Ereignisse in unserer Erinnerung festzuhalten. Schreiben kann auch für andere, die das von uns Niedergeschriebene lesen möchten, wichtig sein. Sehr oft kann ein schwieriger, anstrengender oder unbefriedigender Tag dadurch „gerettet" werden, dass wir über ihn schreiben. Durch das Niederschreiben können wir vollständiger festhalten, was wir erlebt haben, und es auch vollständiger in den Ablauf unserer Tage einordnen. Schreiben kann dann für uns und manchmal auch für andere „überlebensnotwendig" sein.[27]

Geben Sie sich eine Chance und probieren Sie aus – es könnte Ihr Leben retten!

Kapitel 6

Ausschau nach Gott – der Abendabschluss

Die Erde ist mit Himmel vollgepackt,
ein jeder gewöhnliche Busch brennt mit Gott.
Aber nur der, der es sieht, zieht die Schuhe aus.
Die anderen sitzen herum und pflücken Brombeeren.
Elizabeth Barrett Browning[28]

Kennen Sie die Kinderbuch-Serie „Wo ist Walter?"? Meine Tochter Hanna liebte diese Bücher. Die „Wo ist Walter?"-Titel gehören zu den sogenannten Wimmelbüchern. Auf jeder Doppelseite dieser Bücher befindet sich ein Bild mit einem unglaublichen Gewimmel von Menschen, Tieren und anderen Dingen. Hunderte von Einzelpersonen sind dort in einzelnen Szenen dargestellt. Man sieht Menschen am Strand oder auf der Skipiste; man sieht das Gedränge in einer Innenstadt oder Hunderte von Menschen in einem Museum.

Und auf jeder Seite versteckt sich Walter inmitten des Getümmels. Walter, das ist ein schlaksiger, Brille tragender, mit vielen Ausrüstungsgegenständen behängter Student mit Pudelmütze und Strickpulli. Und er ist gar nicht so leicht zu finden. Außerdem hat Walter etwa zwanzig kleine Freunde, die sich über die Buchseiten verteilt ebenfalls verstecken. Und Walter neigt dazu, seine Ausrüstungsgegenstände ebenfalls zu verlieren. Also muss man diese natürlich auch noch suchen. Wie gesagt: Hanna liebte diese Bücher. Es gab für sie abends im Bett vor dem Schlafengehen nichts Größeres, als gemeinsam mit mir über einer Buchseite zu brüten und zu versuchen, Walter mitsamt Freunden und Gegenständen zu finden. Und das war gar nicht so leicht. Manchmal musste ich extra meine alte Briefmarken-Lupe herauskramen und dann das Bild Zentimeter für Zentimeter absuchen, weil wir partout die Kamera nicht finden konnten. Und wer kann schon beruhigt schlafen gehen, wenn die Kamera nicht gefunden ist ...

Manchmal wäre ich fast verzweifelt. Ich wusste: Walter ist da. Er *muss* da sein. Der Zeichner würde nicht einfach ein Bild malen, auf dem er nicht drauf ist – das würde er bestimmt nicht tun! Sicher nicht! Zumindest hoffte ich das. Aber wir konnten ihn einfach nicht finden.

Irgendwann haben wir dann doch alles gefunden, was wir gesucht haben. Es war immer alles da. Wir mussten nur lange genug danach suchen.

Was das mit geistlichen Übungen zu tun hat? Nun, vor einigen Jahren bin ich auf die Übung des geistlichen Abendabschlusses gestoßen. John Ortberg beschreibt diese seit Tausenden von Jahren praktizierte Disziplin in seinem Jüngerschaftskurs „Abenteuer Alltag – ein ganz normaler Tag mit Jesus". Beim Abendabschluss hält man am Ende des Tages inne und lässt diesen noch einmal Bild für Bild, Szene für Szene vor seinem inneren Auge vorüberziehen. Man schaut sich den Tag noch einmal gemeinsam mit Gott an – und versucht, *ihn* darin zu entdecken. Das Ganze erinnert an ein Wimmelbuch: Man schaut sich das Wimmelbild seines Tages an und hält Ausschau nach Gott, der sich da irgendwo im Getümmel versteckt hat!

Ich las damals über diese Übung, hielt das Ganze für eine schöne Idee – und legte die schöne Idee auch gleich wieder zur Seite. Es kam mir irgendwie komisch vor, mich am Abend hinzusetzen und meinen Tag noch einmal Revue passieren zu lassen! Damals wurde mein Tag relativ häufig mit einem leisen *Zapp* und dem in sich zusammenfallenden Fernsehbild beschlossen. Und ich fand das auch ganz in Ordnung so.

Es dauerte einige Jahre, bis ich während eines Leitertrainings in Schottland erneut auf das Konzept des Tagesabschlusses stieß. Einer der Referenten erzählte von seinem Abendritual. Es stammte aus der benediktinischen Tradition und er erzählte recht begeistert davon. Jeden Abend nahm er auf einem besonderen Stuhl Platz, auf dem er sonst nicht saß, entzündete eine Kerze und kam einen Moment zur Ruhe. Dann stellte er sich im Blick auf den vergangenen Tag zwei Fragen:

1. „Wofür bin ich dankbar?“
2. „Was will ich loslassen?“

Irgendwie machte es in diesem Moment bei mir *klick*. Das wollte ich ausprobieren! Die Einfachheit und der scheinbar geringe Aufwand faszinierten mich, verbunden mit der Ausstrahlung dieses Menschen. Also kaufte ich mir eine Kerze, wählte mir einen Platz aus und besorgte mir dazu noch ein kleines Notizbuch. Ich kann nämlich beim Schreiben besser denken ... aber das wissen Sie ja schon!

Am ersten Abend schrieb ich das Datum ganz oben auf die Seite und dann die erste Frage: „Wofür bin ich dankbar?“ Um nicht der Versuchung zu erliegen, ganze Romane zu schreiben, zog ich drei Spiegelstriche; drei Gedanken sollten reichen. Und dann notierte ich, was mir in den Sinn kam. Das Gleiche tat ich mit der zweiten Frage: „Was will ich loslassen?“ Wieder drei Spiegelstriche und ein paar Stichworte vom vergangenen Tag. Seit vielen Jahren mache ich das nun nahezu jeden Abend und staune darüber, welche Kraft von dieser kleinen Übung ausgeht!

Wofür bin ich dankbar?

Jeden Tag erlebe ich Dinge, für die ich Gott danken kann! An manchen Tagen sind die drei Spiegelstriche schnell gefüllt. Manchmal muss ich auch länger nachdenken. Aber ich stoße selbst an schwierigen Tagen immer wieder auf etwas, wofür ich von ganzem Herzen dankbar sein kann! Manchmal fällt mir das schallende Lachen eines meiner Kinder ein, das mich ganz tief berührt hat. Manchmal habe ich plötzlich den liebevollen Blick meiner Frau vor Augen. Oder die Freude über unser Zuhause wird mir bewusst. An anderen Tagen ist es das gute Gefühl, eine Aufgabe endlich abhaken zu können. Ich stelle fest, dass auch nervige, hektische, ätzende Tage im Nachhinein verborgene kleine Perlen enthalten haben. Dinge, die ich verpasst hätte, würde ich nicht am Abend danach Ausschau halten!

Wofür bin ich dankbar? Manchmal ist es diese Frage, die mich aus dem unseligen Kreisen um mich selbst und um meine Befindlichkeit herausholt. Das bedeutet nicht, dass alles Nervige seine Bedeutung verliert – aber oft ist es dann nicht mehr das alles Bestimmende. Ich glaube mittlerweile, dass jeder Mensch es selbst in der Hand hat, ob er im Laufe seines Lebens dankbarer oder bitterer wird. Es ist eine Frage dessen, was wir einüben. Wenn Paulus uns auffordert, dankbar zu sein „in allen Dingen“[29], dann vermute ich, dass er Folgendes gemeint hat: mit aufmerksamem Blick danach zu suchen, wofür ich dankbar sein kann, denn das regelmäßige Danken verändert mich.

Was will ich loslassen?

Nach dem Dank gehe ich zur zweiten Frage über: „Was will ich loslassen?“ Hier geht es um Dinge, die mich an diesem Tag negativ beeinflusst haben. Wo habe ich versagt? Wo bin ich etwas schuldig geblieben? Aber auch: Welche Sorgen trage ich mit mir herum? Was möchte ich gerne loswerden, bevor ich mich schlafen lege? Abend für Abend lasse ich auf diese Weise meine Sorgen los oder meine Angst vor dem, was die Zukunft bringt. Ich lasse mein Versagen los, versuche, mein Fehlverhalten zu benennen – und in Anspruch zu nehmen, dass Jesus mir auch das vergeben hat! Anfangs war es etwas seltsam, über Monate jeden Abend die gleiche Sorge aufzuschreiben, jeden Abend die gleiche Angst vor Gott zu benennen und dabei festzustellen: Ich hatte sie zwar am Abend losgelassen, mir am nächsten Morgen aber gleich wieder gekrallt. Loslassen hat wirklich etwas mit Übung zu tun – mit Wiederholen, mit Trainieren. Und im Laufe der Zeit veränderte sich tatsächlich etwas! Manche meiner Ängste verloren ihre beherrschende Kraft. Ich nahm weniger Ballast mit in die Nacht und habe in manchen herausfordernden Situationen erstaunlich gut geschlafen. Und erlebt: Die alles bestimmende Dringlichkeit meiner Sorgen wird zunehmend schwächer, je disziplinierter ich sie loslasse. Und das ist richtig gut!

Den Abschluss meiner Übung bildet dann ein fest formuliertes Gebet. Es stammt von dem Theologen Jörg Zink, und ich habe mich so sehr darin wiedergefunden, dass ich versuche, es jeden Abend so bewusst wie möglich zu beten[30]:

Ich lasse mich dir, heiliger Gott, und bitte dich:
Mach ein Ende aller Unrast!

Meinen Willen lasse ich dir.
Ich glaube nicht mehr, dass ich selbst verantworten kann,
was ich tue und was durch mich geschieht.
Führe du mich und zeige mir deinen Willen.

Meine Gedanken lasse ich dir.
Ich glaube nicht mehr, dass ich so klug bin,
mich selbst zu verstehen,
dieses ganze Leben oder die Menschen.
Lehre mich deine Gedanken denken.

Meine Pläne lasse ich dir.
Ich glaube nicht mehr, dass mein Leben seinen Sinn findet
in dem, was ich erreiche von meinen Plänen.
Ich vertraue mich deinem Plan an,
denn du kennst mich.

Meine Sorgen um andere Menschen lasse ich dir.
Ich glaube nicht mehr,
dass ich mit meinen Sorgen irgendetwas bessere.
Das liegt allein bei dir. Wozu soll ich mich sorgen?

Die Angst vor der Übermacht der anderen lasse ich dir.
Du warst wehrlos zwischen den Mächtigen.
Die Mächtigen sind untergegangen. Du lebst.

Meine Furcht vor meinem eigenen Versagen lasse ich dir.
Ich brauche kein erfolgreicher Mensch zu sein,
wenn ich ein gesegneter Mensch sein soll
nach deinem Willen.

Alle ungelösten Fragen, alle Mühe mit mir selbst,
alle verkrampften Hoffnungen lasse ich dir.
Ich gebe es auf, gegen verschlossene Türen zu rennen,
und warte auf dich. Du wirst sie öffnen.

Ich lasse mich dir. Ich gehöre dir, Gott.
Du hast mich in deiner guten Hand. Ich danke dir.[31]

Gordon MacDonald hat einmal gesagt: ***„Was uns heute in der Regel fehlt, ist nicht Zerstreuung. Zerstreut sind wir genug! Was uns fehlt, ist Sammlung.“*** Oder um es mit meinen eigenen Worten auszudrücken: Was uns fehlt, sind Momente, in denen wir vor Gott die Bruchstücke des Tages wieder zu einem Ganzen zusammenfügen können. Momente, in denen unsere Seele Zeit zur inneren Sammlung hat!

Was mein Leben angeht, so hat er damit den Nagel auf den Kopf getroffen. Wie oft habe ich abends nach Zerstreuung gesucht! Wie oft habe ich durch die Fernsehkanäle gezappt, weil ich davon überzeugt war, was mir fehle, sei ein wenig Ablenkung – Zerstreuung eben! Aber das Gegenteil ist der Fall. Ich brauche keine Ablenkung. Ich brauche keine Unterhaltung. Ich brauche keine weiteren Eindrücke. Der Tag hatte Eindrücke genug – mehr als genug! Meine Seele ist überfordert von den vielen Eindrücken.

Was mir fehlt, ist Sammlung. Was mir fehlt, ist Orientierung. Was mir fehlt, ist, die vielen kleinen Puzzleteile meines Tages am Ende zusammenzusetzen und nach Gott Ausschau zu halten, der sich irgendwo in diesem Gewusel verborgen hat. Mit ihm den Tag noch einmal anzusehen, auszuwerten und festzuhalten, was es wert ist, festgehalten zu werden. Und loszulassen, was ich dringend loslassen sollte, weil es sonst ein zerstörerisches Werk in mir anrichtet!

Anfangs war es ein bisschen seltsam, meiner Frau zu sagen, dass ich nun noch mein „Abendritual" mache. Geholfen hat mir dabei die positive Erfahrung mit dem Tagebuchschreiben, die ich im letzten Kapitel beschrieben habe. Sie kannte solche Experimente also schon von mir und ermutigte mich damals dazu. Auch mit meiner neuen Idee ging sie super um. Unsere Kinder sind meistens schon im Bett, sodass ich in der Regel wirklich ungestört bin. Der Zeitaufwand hält sich ebenfalls in Grenzen: Oft brauche ich nicht viel länger, als meine Frau im Badezimmer benötigt. Und wenn wir über Nacht mal Gäste haben und das Wohnzimmer belegt ist, weiche ich eben mit meiner Übung ins Arbeitszimmer aus. In den vergangenen Jahren habe ich schon im Licht der Weihnachtsbaumbeleuchtung geschrieben oder im flackernden Feuerschein unseres Inkaofens auf der Terrasse, während die Grillen zirpten und die Mücken surrten. Selbst im Urlaub und auf Dienstreisen habe ich mein Ritual beibehalten. Ich hatte mir dafür einen transportablen „Raum der Stille" besorgt – ein kleines, in Holz gefasstes Teelicht, mit aufklappbarem Deckel, an dessen

Innenseite ein Kreuz befestigt ist. So konnte ich meine eigene kleine „heilige Zeit" in der anonymen Atmosphäre von Hotelzimmern erleben oder in der Ferienwohnung im Sommerurlaub. Die Regelmäßigkeit hat mir geholfen, die Übung wirklich zur Gewohnheit werden zu lassen.

Dabei stelle ich aber auch fest: An manchen Abenden ist mein Tagesabschluss wirklich nicht mehr als das – eine gute Gewohnheit! Dann husche ich schnell und routinemäßig durch die Fragen, fülle oberflächlich drei Spiegelstriche und murmele mein Gebet. Hier liegt sicherlich eine Gefahr für die Zukunft – wenn ich zu oft zulasse, dass ich innerlich gar nicht mehr dabei bin, ist mein Tagesabschluss nicht länger Sinn-voll. Als einen bewussten Schritt in Richtung „innere Beteiligung" habe ich daher begonnen, mein Abschlussgebet laut (oder zumindest halblaut) zu beten. Dies bewahrt mich davor, den Text nur schnell zu überfliegen. Wenn ich die Worte langsam und laut sage, dann ist das innerlich eine Hilfe für mich, auch wirklich zu meinen, was ich da bete.

Alles in allem erlebe ich aber diese Zeiten als ein großes Geschenk, denn ich verbringe diese Augenblicke bewusst mit Gott. Sie geben meinem Tag eine feste Struktur. Mein Tagebuch markiert den Start – mein Abendritual den Abschluss. Das Gespräch mit Gott bildet so die große Klammer meines Tages. Und das bedeutet: ihm mehr und mehr ein bisschen näher zu kommen. Und soll ich Ihnen was sagen? Das ist richtig gut!

Kapitel 7

Eine geschützte Zeit der Stille – Klostertage

Reden und Lehren kommen dem Meister zu,
Schweigen und Hören dem Jünger.
Benedikt von Nursia[32]

Einmal im Jahr ziehe ich mich für ein paar Tage in ein Kloster zurück. Ich reserviere Zeit, um sie alleine mit Gott zu verbringen. Ich brauche diese ausgedehnte Zeit mit ihm allein, wo sonst nichts auf der Tagesordnung steht, außer mit Gott zusammen zu sein. Keine Agenda, keine Aufgaben zu erledigen, keine Predigt zu schreiben und kein Vortrag zu halten. Einfach nur Zeit mit ihm. Ich gehe mit ihm gemeinsam mein Tagebuch vom vergangenen Jahr durch. Betrachte noch einmal das, was ich im vergangenen Jahr erlebt, gedacht, gefühlt und getan habe. Und dann blicke ich mit ihm auf das vor mir liegende Jahr. Dazwischen ist immer wieder Raum für die Bibel und Raum für Gebete in der Kirche zusammen mit den Mönchen. Ich schweige in diesen Tagen, denn ich rede sowieso genug, und das Schweigen hilft mir, auch wirklich auf sein Reden zu hören.

Magnus Malm hat vor vielen Jahren ein sehr treffendes Buch mit dem Titel „Gott braucht keine Helden" geschrieben.[33] Darin stellte er die These auf, dass Gott mehr daran liegt, dass ich bei ihm bin, als dass ich für ihn arbeite. Gott hat mehr Interesse daran, dass ich in seiner Nähe bin, als dass ich für ihn irgendwelche Aufgaben erledige. Malm selbst hatte am eigenen Leib erfahren, wie die Arbeit für Gott sein größter Feind für seine Beziehung zu Gott geworden war. Er hatte erlebt, wie die Arbeit – er gab eine christliche Zeitschrift heraus – ihn immer mehr in Beschlag nahm und er seine Beziehung zu Gott immer mehr schleifen ließ. Und Malm nannte damit ein Problem beim Namen, das ich in meiner eigenen Biografie ebenfalls schon entdeckt hatte.

Ich war so sehr damit beschäftigt, Gottes Werk zu tun, dass ich einfach keine Zeit mehr hatte, in seiner Nähe zu sein und dortzubleiben. So offen hätte ich mir das damals zwar selbst nicht eingestanden, aber Malms Buch hielt mir einen Spiegel vor. Ich fand mich in seinen Beschreibungen sehr genau wieder – und fragte mich, was eigentlich der Grund dafür war, dass ich meine Arbeit der Nähe Gottes vorzog.

Fand ich etwas in der Arbeit, von dem ich meinte, dass ich es bei Gott nicht finden würde? Oder war unsere Beziehung überhaupt auf Arbeit gegründet? Stimmte etwas mit meinem Gottesbild nicht? Was war der Grund für mein Handeln?

Ich wusste: Gott will mit mir zusammen sein. Er sehnt sich nach meiner Nähe. Er liebt es, in meiner Gegenwart zu sein. Ich weiß es, weil auch ich es liebe, in der Gegenwart meiner Kinder zu sein. Ich mag es einfach, sie um mich zu haben. Ich mag es, wenn sie mir etwas erzählen. Ich mag es, mit ihnen Spiele zu spielen oder ihnen ein spannendes Buch vorzulesen. Und wenn ich von ihnen getrennt bin, habe ich Sehnsucht nach ihnen. Zum Schreiben dieses Buches habe ich mich eine Zeitlang in das Ferienhaus von Freunden zurückziehen können, wo ich die nötige Ruhe zum Schreiben hatte. Aber so toll das auch war und sosehr mich die Arbeit auch in Anspruch genommen hat – die Nähe meiner Kinder und meiner Frau haben mir gefehlt. Wenn *ich* es schon liebe, mit meinen Kindern zusammen zu sein, wie viel mehr liebt Gott es dann, mit seinen Kindern zusammen zu sein! Und das meint auch mich. Gott sehnt sich danach, Zeit mit mir zu verbringen. Aber sehne ich mich eigentlich auch danach, Zeit mit ihm zu verbringen? Suche ich seine Nähe?

„Das müsste ich auch mal tun"

Es ist witzig: Fast immer, wenn ich irgendwo davon erzähle, dass ich regelmäßig ins Kloster gehe, reagiert irgendjemand darauf mit einem aufseufzenden: „Das müsste ich auch mal tun!" Aber immer, wenn ich jemanden das sagen höre, werde ich das Gefühl nicht los, dass die betreffende Person ihr Vorhaben nicht wirklich in die Tat umsetzen wird. Denn „Ich müsste" oder „Ich sollte" sind keine ausreichenden Antriebsmotoren für die Entscheidung, seinem Leben eine neue Richtung zu geben. „Ich müsste" oder „Ich sollte" können kurzzeitig für Veränderung sorgen. Können mich einen Moment lang in eine Richtung voranbringen. Aber sie taugen auf lange Sicht nichts. Sie sind einfach nicht stark genug.

Woher ich das weiß? Weil ich es selbst viele Jahre lang gesagt habe. Weil ich selbst die begrenzte Kraft eines „Ich müsste" oder „Ich sollte" gespürt habe. Bis sich vor etwa neun Jahren etwas veränderte.

Wir betreten hier einen sehr sensiblen Bereich, denn an diesem Punkt geht es auch um die Frage nach unserem Gottesbild. Damit ist nicht das Bild gemeint, von dem ich denke, dass ich es von Gott hätte – hier geht es um das Bild, das ich wirklich von Gott habe und das mein Handeln steuert. Manche meinen, sie würden sich Gott als einen liebenden Vater vorstellen. Aber ihr Handeln scheint mehr auf das Bild eines Sklavenhalters hinzuweisen als auf das eines Vaters. In Wahrheit trauen sie diesem Gott nicht über den Weg – weil er sie enttäuscht hat, weil sie das Gefühl haben, dass er eine Bedrohung ihrer Ansichten oder ihres Handelns darstellt, oder weil der leibliche Vater immer noch das innere Bild bestimmt. Unser Handeln zeigt uns, welches Bild wir von Gott haben, und das viel mehr als unsere Worte oder Gedanken.

Was denken Sie von Gott? Ich meine, was denken Sie ***wirklich***? Ist er jemand, in dessen Nähe Sie sich wohlfühlen? Ist er jemand, in dessen Nähe Sie gerne sind? Wohin es Sie immer wieder zieht? Oder sollte es nur so sein, aber die Wirklichkeit Ihres Lebens sieht anders aus? Tatsächlich haben Sie gar keine Lust auf die Nähe Gottes. Vielleicht macht er Ihnen sogar Angst oder es ist Ihnen unangenehm. Keine Sorge, das Problem hatten auch schon viele andere vor Ihnen.

„Mose, geh du auf den Berg"

Als die Israeliten in der Wüste auf Wanderschaft waren, kam der Tag, an dem Gott mit seinem Volk in besonderer Weise reden wollte. Nachdem er sie aus der Knechtschaft befreit hatte, nachdem er das Wunder am Schilfmeer vollbracht und die Feinde besiegt hatte, wollte er seinem Volk nun das geben, was es brauchte, damit die Zukunft gelingen konnte: seine Gebote. Mit diesen Geboten umriss Gott die Rahmenbedingungen, unter denen das Leben gelingen konnte. Als der große Tag bevorstand, kündigte Gott durch Mose dem Volk sein Kommen an. Er gab klare Anweisungen, wie man sich auf den Tag vorbereiten sollte, was an diesem Tag zu beachten war und wie das Volk sich verhalten sollte, wenn er mit ihm sprach – aber die Antwort des Volkes war erstaunlich:

Als das ganze Volk erlebte, wie es blitzte und donnerte, Posaunenschall ertönte und der Berg rauchte, bekam es große Angst und blieb zitternd in weiter Ferne stehen. Die Leute sagten zu Mose: „Wir haben Angst, wenn Gott so mit uns redet. Wir werden noch alle umkommen! Sprich du an seiner Stelle zu uns, wir wollen auf dich hören."[34]

Gott kam – und seine Leute kriegten es mit der Angst zu tun. Plötzlich hatten sie Muffensausen. Sie dachten: *Wer weiß, was passiert, wenn Gott direkt mit uns redet?! Das ist uns zu gefährlich. Wenn der Schöpfer des Universums uns etwas sagt, dann wissen wir nicht, ob wir das aushalten. Also, Mose, geh du auf den Berg! Und erzähl uns, was er gesagt hat! Auf dich werden wir hören.*

Raus aus der Schusslinie. Seid nicht feige, Jungs, lasst mich hinter den Baum! Obwohl dieser Gott sie aus der Sklaverei befreit und die Ägypter am Schilfmeer vernichtet hatte. Obwohl er jeden Tag dafür sorgte, dass Manna auf dem Speiseplan stand. Obwohl er tagsüber in einer Wolken- und nachts in einer Feuersäule ein zuverlässiger Führer gewesen war, hatten sie Angst! Sie waren sich nicht sicher, ob sie ihm trauen konnten.

Bis auf den heutigen Tag empfinden Menschen diese Unsicherheit. ***Denn Gott ist heilig. Er ist und bleibt immer und überall der ganz andere. Und so reagieren viele mit Scheu. Lieber nicht zu dicht an Gott rangehen. Lieber nicht zu tief in sein Wort eintauchen. Lieber nicht zu intensiv hinhören. Womöglich sagt er etwas, womit ich nicht umgehen kann.*** Dann doch lieber: „Pastor, sag du uns das Wort. Pfarrer, hör du, was er sagt, und sag es uns weiter. Auf dich werden wir hören – zumindest manchmal."

Das Volk Israel hatte Angst vor Gott. Und so wollten die Menschen keinen engen Kontakt. Sie wollten keine Nähe, denn Angst und Liebe schließen sich aus. Wer Angst hat, kann nicht lieben. Und wer liebt, der kennt keine Angst. Die Liebe vertreibt nämlich alle Angst.[35]

Nun redet die Bibel davon, dass Gott uns ganz nah ist! Dass es seinem Willen entspricht, bei uns, in unserer Nähe zu sein.

Das war die Botschaft, das Evangelium, das Jesus verkündet hat. Das Himmelreich ist nah herbeigekommen. Was machen wir damit?

Wissen Sie, was passiert, wenn Menschen uns zu dicht auf die Pelle rücken? Wenn sie uns näher kommen, als uns angenehm ist, wir es aber nicht vermeiden können? Dann tun wir einfach so, als wären sie nicht da! Super Trick, oder?

Denken Sie mal an Fahrstuhlfahrten. Bei solchen Fahrten kommen sich wildfremde Menschen extrem nah. Und was tun sie? Sie tun so, als wären die anderen alle gar nicht da. Augen stur nach vorne, als gäbe es da ein Fußballspiel zu beobachten. Keine Reaktion, in der Regel auch keine Gespräche. Einfach wegblenden.

Versuchen Sie doch mal das Gegenteil: Nur zum Spaß – blicken Sie den Leuten im Fahrstuhl mal in die Augen. Sie werden merken, wie unangenehm ihnen das ist. Und Ihnen vermutlich auch. Oder denken Sie an den Arztbesuch, wenn die Sprechstundenhilfe diese Saugnäpfe auf Ihrer Haut befestigt, die für das EKG wichtig sind. Blicken Sie ihr ins Gesicht, während sie Sie auf die Untersuchung vorbereitet? Nein, Sie blicken stur nach vorne. Sie blenden die Dame aus. Sie ist Ihnen zu nah. Kommt uns jemand zu nah, tun wir so, als sei er gar nicht da.

Was passiert, wenn Gott uns zu nah kommt? Richtig – wir blenden ihn aus. Tun so, als wäre da gar nichts. Tolle Strategie – hilft bei Fahrstuhlfahrten, ist bei Gott aber nicht sonderlich erfolgreich.

Gott ist heilig und in der Begegnung mit ihm schwingt immer ein Stück Mysterium mit. Wir begreifen nicht wirklich, wie er ist, was er ist und was ihn treibt. Und das macht uns Angst. Aber zugleich ist Gott Liebe. Und er will mit dieser Liebe alle Angst vertreiben. Mit dieser Liebe will er uns das geben, was wir zutiefst brauchen. Aber dazu müssen wir uns von seiner Nähe und seiner Liebe erreichen lassen.

Bitte nehmen Sie sich einmal einen Moment Zeit und denken Sie über folgende Frage nach: *Glaube ich eigentlich wirklich, dass Gott meine tiefsten Sehnsüchte stillen kann und dass er sie auch stillen will?*

Was würden Sie als Ihre drei tiefsten Sehnsüchte benennen? Das, was Sie sich am meisten wünschen, wonach Sie sich am tiefsten sehnen, was für Sie das größte Glück wäre. Damit meine ich nicht die vordergründigen Dinge wie einen neuen iPod oder einen Ferrari, ein Haus oder die nächste Beförderung. Diese Dinge hätte ich vielleicht jetzt gerne, aber in zehn Jahren spielen sie keine Rolle mehr. Ich meine die Bedürfnisse, die sich dahinter verbergen. Vielleicht steht der iPod für die Sehnsucht, dazuzugehören und up to date zu sein. Vielleicht steht der Ferrari für die Sehnsucht nach Erfolg. Sie wünschen sich, etwas zu erreichen. Vielleicht steht hinter der Sehnsucht nach einer Beförderung die Sehnsucht, dass endlich jemand Ihre Leistung wahrnimmt und das würdigt, was Sie einbringen. Wenn Sie einmal über Ihre Wünsche und tiefsten Sehnsüchte nachdenken: Welche drei Dinge wären das?

Was ich mir am meisten wünsche:

1. ______________________________

2. ______________________________

3. ______________________________

Betrachten Sie diese drei Wünsche oder Sehnsüchte nun einmal genau: Glauben Sie, dass Gott diese Sehnsucht stillen kann? Glauben Sie, dass er die Macht hat, Ihnen das zu geben, was Sie sich ersehnen? Auch wenn das vielleicht bedeutet, dass er Ihre Sehnsucht besser versteht als Sie selbst und dass er Ihnen das gibt, was diese Sehnsucht *wirklich* erfüllt?

Und glauben Sie, dass Gott das nicht nur kann, sondern dass er es auch will? Dass er Ihnen die Freude gönnt? Dass er Ihnen Leben in Fülle schenken möchte? Dass er wirklich treu ist? Und dass er das Beste für Ihr Leben, Ihren Geist und Ihre Seele will?

Hunderte von Jahren nach den Ereignissen am Berg Sinai ließ Gott seinem Volk sagen: „[...] denn mein Plan mit euch steht fest: Ich will euer Glück und nicht euer Unglück. Ich habe im Sinn, euch eine Zukunft zu schenken, wie ihr sie erhofft.“[36]

Israel hatte es immer noch nicht verstanden. Die Angst war noch nicht überwunden.

Und so geht es weiter bis zu Jesus, der seinen Jüngern erklärt: „Ich habe euch dies gesagt, damit meine Freude euch erfüllt und an eurer Freude nichts mehr fehlt.“[37]

Es geht Gott allen Ernstes um unsere Freude! Oder wie C. S. Lewis es so treffend ausdrückte: „Freude ist im Himmel eine ernst zu nehmende Angelegenheit!“ Wir dienen einem Gott, der sich für unsere Freude interessiert und der sich zum Ziel gesetzt hat, dass unsere Freude vollkommen ist.

Er ist ein Gott, der gerne gibt. Der gerne unsere Sehnsucht stillt. Und der uns das Leben mit der gesamten Bandbreite von Emotionen und Erfahrungen schenkt. Damit wir das Leben voll auskosten und erfahren. Dieser Gott ist vertrauenswürdig. Und er ist das aufregendste Gegenüber, in dessen Nähe man sich befinden kann.

Das Experiment

Vor knapp neun Jahren beschloss ich, ein Experiment zu machen. Ich war müde und ich wollte mich endlich von dem unbefriedigenden Gefühl mit dem Namen „Das müsste ich auch mal machen!“ befreien. Also sprach ich mit meiner Frau und erklärte ihr, dass ich gerne ein paar Tage ins Kloster gehen würde – um zu schweigen und mit Gott allein zu sein. Das Ganze fiel mir nicht leicht, denn wir hatten zu diesem Zeitpunkt zwei kleine Kinder. Die Nächte waren unruhig und die Tage anstrengend. Woher nahm ich mir nun das Recht, mich ein paar Tage im Kloster auszuschlafen und meine Frau mit alldem allein zu lassen? Ich focht einen immensen inneren Kampf aus, bevor ich sie fragte.

Aber Andrea reagierte wundervoll. „Das tut dir bestimmt gut! Vielleicht gehe ich ein paar Tage zu meiner Mutter. Dann habe ich ein bisschen Unterstützung mit den Kids!"

Prima! Gute Idee! Also verabredete ich mich mit Gott! Im Kloster. In der Zeit davor kam es mir ein paar Mal so vor, als würde Gott sich riesig auf diese gemeinsame Zeit freuen und als würde er dort in der Benediktiner-Abtei auf mich warten. Als es dann so weit war, brachte ich meine Familie zu meiner Schwiegermutter und bin „eingerückt". Es war ein sehr seltsames Gefühl, dort zu sein. Ein Teil von mir schmiss sich weg vor Lachen und sagte immerzu: *Ich glaube es nicht! Du im Kloster, ausgerechnet du! Das ist der beste Witz des Jahres!* Aber gleichzeitig war da noch etwas anderes: eine Vorfreude, eine Spannung, was aus diesem Experiment wohl werden würde.

Es war still, es roch nach Weihrauch, es war kalt und meine Zelle war karg. Ein Tisch, ein Stuhl, ein Bett – das war's.

Gut ... Hier bin ich ... Was nun?, dachte ich. Ich setzte mich an den Tisch und las die Begrüßung und die einführenden Worte, die für alle Gäste in Plastik eingeschweißt auf dem Tisch lagen. Das erste Gebet am Morgen begann um 5:15 Uhr – ich beschloss sofort, dass dies sicher nicht für junge Väter mit ausgewachsenem Schlafdefizit galt.

Was sollte ich jetzt machen? *Ich könnte ja mal einen Abschnitt aus der Bibel lesen,* dachte ich. *Kann ja nicht verkehrt sein!* Also schlug ich meine Bibel auf und las im 3. Kapitel des Kolosserbriefs. Ich arbeitete damals in meiner Stillen Zeit das Kleingruppenmaterial von John Ortberg durch und dieser Text war gerade dran. Und dann stand da dieser umwerfende Satz: „Der Frieden, den Christus schenkt, soll euer ganzes Denken und Tun bestimmen.“[38]

Es fällt mir noch heute schwer, in Worte zu fassen, was geschah, als ich diese Worte langsam las. In diesem Augenblick senkte sich der Frieden Gottes wirklich wie eine Decke auf mich herab. Die Fragen, die innere Unruhe, ob mit der Familie alles gut gehen würde, die Sorgen aus der Gemeindearbeit, alle Konflikte und Ängste kamen mit einem Mal zur Ruhe. Der Frieden Gottes senkte sich auf mich herab. Er hüllte mich ein. Er umgab mich. Und meine Seele wurde ruhig.

Ich habe nie wieder in meinem Leben eine so intensive Erfahrung mit dem Frieden Gottes gemacht wie vor etwa neun Jahren in dieser Klosterzelle. Aber sie wirkt sich bis auf den heutigen Tag aus. Und sie durchdrang damals die gesamte Zeit meines Schweigens und meiner Verabredung mit Gott. Seit dieser Zeit habe ich das „Ich müsste das auch mal machen!" hinter mir gelassen. Seit dieser Zeit treibt mich eine andere Kraft an. Es ist die Sehnsucht eines tiefen „Das will ich wieder haben!".

Seitdem reserviere ich mir jedes Jahr ein paar Tage fest für einen Aufenthalt im Kloster. Es ist jedes Jahr schwierig. Es gibt jedes Jahr Gründe, es diesmal nicht zu tun. Es gibt immer wieder Argumente, warum es diesmal gerade nicht passt. Dennoch bin ich dabeigeblieben. Mittlerweile nimmt sich aber auch meine Frau solche Auszeiten mit Gott, sodass ich mich ein klein wenig wohler fühle, weil wir uns nun gegenseitig unterstützen und vertreten und sie nicht immer meine Abwesenheit auffangen muss. Aber diese Zeiten des Schweigens, diese ausgedehnten Zeiten in der Gegenwart Gottes sind für mich ein wesentlicher Punkt in meinem Leben geworden. Ein wichtiger, fester, jährlicher Rhythmus. Mittlerweile ziehe ich mich immer am Anfang des Jahres zum Schweigen zurück, weil dies die Zeit ist, in der ich mich am besten von allem anderen frei machen kann. Übrigens ist jede dieser Zeiten anders. Ich beschäftige mich jedes Jahr mit anderen Themen, mache andere Erfahrungen, und Gott erreicht mich immer wieder auf unterschiedlichste Art und Weise. Manchmal sind die Tage angefüllt mit dem Reden Gottes und manchmal mit seinem Schweigen. Manchmal zieht sich ein bestimmtes Thema wie ein roter Faden durch diese Zeit, manchmal sind es unterschiedlichste kleine Fragmente. Mal spielt die rückblickende Beschäftigung mit meinem Tagebuch eine größere Rolle, mal ist es der Blick nach vorne. Einmal habe ich sogar einen Fernsehstar getroffen, den meine Kinder ganz toll finden. In solchen Situationen nervt es ein bisschen, wenn man beschlossen hat zu schweigen! Aber auch diese Erfahrung wusste Gott sehr genau zu nutzen, um mit mir über die Frage nachzudenken, um wessen Aufmerksamkeit es mir in meinem Leben wirklich geht.

Vielleicht fragen Sie sich jetzt, was ich so den ganzen Tag im Kloster mache. Zunächst einmal passe ich mich dem Rhythmus des Klosters an. Das bedeutet, der Rhythmus von Gebeten und Mahlzeiten gibt meinem Tag eine feste Struktur. Der Tag beginnt für mich mit dem Frühstück und dem Gebet am Vormittag. Bis um 12:00 Uhr habe ich dann Zeit zur freien Verfügung. Manchmal lese ich, manchmal sitze ich in der Kirche und betrachte das Jesus-Mosaik in der Apsis. Manchmal schreibe ich, sortiere meine Gedanken und „rede" mir alles von der Seele oder beschäftige mich längere Zeit mit einem Bibeltext.

Nach dem Mittagsgebet und dem Essen gehe ich oft raus, jogge oder spaziere herum, genieße den Garten und die frische Luft. Um 14:15 Uhr gibt es dann noch mal ein Gebet in der Kirche und dann ist frei bis zur Vesper, die um 17:30 Uhr beginnt. Während dieser Zeit lese ich wieder, bete, schreibe ... Ich habe noch keinen Königsweg entdeckt, und wie gesagt, diese Zeit mit Gott ist jedes Mal anders. Außer dem äußeren Rahmen mit Gebeten und Mahlzeiten gibt es für mich keinen festen inneren Rahmen. Auf diese Weise werden die einzelnen Wegstrecken des Schweigens nicht zu lang. Es geht auch nicht um die vier Tage des Schweigens, sondern immer nur um die zwei oder drei Stunden bis zum nächsten Gebet oder bis zur nächsten Mahlzeit.

Das Schweigen Gottes

Unsere Kultur ist von Worten geradezu besessen. Reden, hören, sprechen, schreiben, lesen, diskutieren, predigen – alles Worte. Worte, die wir hören. Worte, die wir sagen. Worte, die dafür sorgen, dass wir beschäftigt sind. Gedanken, Botschaften, Wissen, Fragen, Aufträge. Worte bestimmen das Leben. Und Worte schreibe ich in diesem Buch. Deshalb ist die Versuchung groß, auch das Schweigen, die ausgedehnte Zeit mit Gott, zum Diener der Worte zu machen. Still zu werden, um zu hören. Neue Worte – göttliche Worte. Worte, von denen man leben kann! Aber eben wieder nur Worte. Wenn wir das unter Stille verstehen, dann geht es dabei darum, neue, bessere Worte für unser Leben zu finden. Und manchmal ist das sicherlich auch gut und richtig so.

Aber was ist, wenn Gott schweigt? Wenn die Stille keine neuen Worte bringt?

Viele Menschen vermeiden es auch deshalb, ausgedehnte Zeiten in der Stille vor Gott zu verbringen, weil

sie das Schweigen Gottes fürchten. Manche haben Angst vor dem, was in dieser Zeit mit Gott passieren könnte. Was ist, wenn nichts passiert? Das wäre ja mindestens genauso schlimm, vielleicht sogar schlimmer, denn Schweigen ist bedrohlich. Schweigen wirkt feindselig, womöglich sogar anklagend. Schweigen irritiert und verunsichert uns. Wenn wir schon mal in Gottes Gegenwart sind, und der sagt nichts, was denn dann? Dann werden wir mit dem Schweigen nicht umgehen können. Wir werden uns schuldig fühlen. Es wird uns so vorkommen, als hätten wir versagt. Oder als würde uns das stumme Schweigen anklagen und uns mit Vorwürfen überhäufen. Dies wird uns in besonderem Maße so gehen, wenn uns der Hunger nach Worten antreibt.

Aber wäre es nicht auch möglich, dass wir das Schweigen Gottes missverstehen? Könnte es vielleicht sein, dass Gott deshalb schweigt, weil uns jetzt, in diesem Moment, der Überfluss an Worten gerade nicht weiterhilft, sondern schadet? Könnte es sein, dass Gottes Schweigen gar nicht feindselig ist, sondern im Gegenteil ausgesprochen angemessen und freundlich?

Wenn meine Töchter als Babys geweint haben, dann waren sie beide in der Regel nicht besonders offen für meine Worte – egal, wie liebevoll ich sie ansprach und wie viel Mühe ich mir dabei gab, die richtigen Worte zu finden. Es gibt einen Kummer, da helfen keine Worte. Das Einzige, was ich tun konnte, war, sie auf den Arm zu nehmen und zu wiegen. Das brachte sie dann – zumindest manchmal – zur Ruhe. Meine Kinder brauchten in diesem Moment Nähe, nicht Worte.

Genauso gibt es in unserem Leben Zeiten, in denen Worte nur stören würden, in denen Worte mich vielleicht vielmehr irritieren oder nur noch mehr durcheinanderbringen würden. Es gibt Zeiten, in denen Worte mich dazu verleiten, schnell wieder aus der Nähe Gottes zu verschwinden, weil ich gehört habe, was ich hören *will*, aber nicht, was ich *brauche*. Es gibt Zeiten, da ist das Schweigen Gottes ein kostbares Geschenk, denn es gibt uns das, was wir in diesem Moment brauchen – jenseits aller Worte.

Wenn Sie einmal schweigend unter einem monumentalen Sternenhimmel gestanden haben, wenn Sie das ruhige Schweigen eines Sees in der Morgendämmerung betrachtet haben, wenn Sie das erhabene Schweigen in einer leeren Kirche oder Kathedrale erlebt haben, dann wissen Sie: Gottes Schweigen ist nicht feindselig. Im Gegenteil. Dieses Schweigen ist die höchste Auszeichnung unserer Freundschaft zu ihm. So wie es für mich einer der größten Erweise von Freundschaft ist, wenn ich mit einem Freund schweigend zusammensitzen kann. Wenn wir keine Worte brauchen, weil Worte nur stören würden. Wenn wir gemeinsam einfach nur die Nähe des anderen genießen können – dann ist für mich Freundschaft am edelsten. So ist es auch mit Gott. Von Zeit zu Zeit lässt er uns eintauchen in sein liebevolles Schweigen. In das stumme Genießen seiner Nähe. Und es sind keine Worte erforderlich. Worte würden nur stören. Nähe ist das, was wir in diesem Moment brauchen. ***Stille schenkt uns die Möglichkeit, in das große, weltumspannende Schweigen Gottes einzutauchen und***

dort das zu finden, was uns ein Leben in der Fülle der Worte nicht geben kann.

Gott ist nicht mein Chef. Er ist der Liebhaber meiner Seele. Und Zeit mit ihm zu verbringen bedeutet, einzutauchen in eine Liebe, die meine tiefste Sehnsucht stillt.

Für mich sind diese ausgedehnten Zeiten mit Gott zu einem wesentlichen Bestandteil meines Lebens geworden. Nun muss man dazu natürlich nicht ins Kloster. Manchen hilft die Natur, andere brauchen angeleitete Zeiten der Stille, wie sie Retraite-Center und Stille-Häuser anbieten; wieder andere schweigen am liebsten zusammen mit anderen, auf einer Freizeit oder Stille-Tagung. Es gibt kein Richtig und kein Falsch – für die ausgiebige Zeit mit Gott gibt es keine DIN-Norm. Jeder muss selbst herausfinden, was zu ihm und in seine Lebenssituation hineinpasst. Nur eines sollten wir jetzt nicht tun. Und darum bitte ich Sie sehr herzlich. Sagen Sie jetzt am Ende dieses Kapitels bitte nicht: „Das müsste ich auch mal machen!" Finden Sie stattdessen Ihren eigenen Weg und probieren Sie es aus!

Kapitel 8

Sich selbst Grenzen setzen – der Ruhetag

Unser ganzes Werk ist nur, dass wir Gott lieben und uns an ihm erfreuen.
Bruder Lorenz[39]

Warum lassen wir uns also von überflüssigen Sorgen erdrücken, warum sind wir auf unseren vielen Wegen so erschöpft, ohne je zu sagen: Lasst uns ruhen? Gott selbst lädt uns ein, bei ihm auszuruhen von all unserer Unruhe.
Madame Guyon[40]

Obwohl auch Christen in der Regel die meisten der zehn Gebote irgendwann brechen, gibt es eines, mit dem sie geradezu angeben, es gebrochen zu haben, und das ist das Gebot der Sabbat-Heiligung. Kein anderes Gebot wird so offensichtlich gebrochen und die Menschen sind auch noch stolz darauf.

Ein gesunder Rhythmus beinhaltet den regelmäßigen Wechsel von Anspannung und Entspannung, von Arbeit und Ruhe. Seltsamerweise scheint irgendwann jemand mal auf die Idee gekommen zu sein, es sei geistlicher, auch den freien Tag durchzuarbeiten, weil ja so viel zu tun ist.

In der Denomination, zu der ich gehöre, spricht man seit einigen Jahren von den „Hörsturz-Pastoren", weil diese Krankheit so viele Kollegen erwischt hat! Ein Hörsturz tritt in der Regel stressbedingt auf, wenn über einen langen Zeitraum zu wenig Pausen gemacht werden. Immer mehr Kollegen arbeiten durch und sind sich dabei nicht bewusst, dass ihr Einsatz Gott keine Ehre gibt, wenn sie das Sabbat-Gebot nicht beachten.

Allerdings betrifft das Problem der Nichtbeachtung des Sabbats ja nicht nur Pastoren und Pfarrer. Auch jeder andere steht vor der Frage, ob er regelmäßig – und das heißt spätestens alle sieben Tage – einen freien Tag hat. Und frei heißt auch wirklich frei. Keine Arbeit, sondern Zeit zur Muße, Zeit zum Verplempern, Zeit zum Erholen, Genießen, Ausruhen, Auftanken.

Was hat dazu geführt, dass immer mehr Menschen diesem von Gott gegebenen Rhythmus zuwider leben und ihrem eigenen Körper und der eigenen Seele großen Schaden zufügen?

Von all den unzähligen Gründen möchte ich an dieser Stelle nur drei nennen: die Überhöhung der Arbeit, den Verlust der Genussfähigkeit und das Leugnen der eigenen Grenzen.

Überhöhung der Arbeit

Es gibt eine Grundeinstellung, die viele von uns teilen – die uns aber gleichzeitig zerstört: dass wir der Arbeit in unserem Leben einen zu hohen Stellenwert einräumen. Arbeit ist das beherrschende Thema, das alles definiert – inklusive unseres eigenen Selbstwertgefühls.

Vor einigen Jahren wechselte ich nach elf Jahren Gemeindedienst in eine überregionale Tätigkeit. Ich war nicht länger Pastor einer Ortsgemeinde, und obwohl ich mich enorm auf die neue Aufgabe gefreut hatte, geriet mein Selbstverständnis mit dem Wechsel in eine Krise. Plötzlich stand ich vor der Frage: „Wer bin ich, wenn ich nicht mehr Pastor einer Ortsgemeinde bin? Wer bin ich, wenn ich nicht länger jeden Sonntag predige? Wer bin ich, wenn da keine Gemeinde mehr ist, die mich als ihren Pastor betrachtet? Wer bin ich eigentlich jenseits dessen, was ich beruflich tue?"

Vielleicht kennen Sie das: Was wir regelmäßig tun, bestimmt ein Stück weit unsere Identität. Aber es soll eben nur ein Stück sein. Was ist, wenn dieses Stück plötzlich alles dominiert? Dann haben wir nur noch unsere Arbeit.

Über Todesanzeigen steht manchmal zu lesen: „Arbeit war sein Leben." Ich denke dann immer: *Eigentlich schade! Wenn es das gewesen sein soll, ist es dann nicht zu wenig gewesen?*

Aber offensichtlich haben die Hinterbliebenen gedacht, das wäre etwas Positives! Sonst hätten sie es nicht über die Anzeige geschrieben.

Es ist ja keine Frage: Arbeit bringt Anerkennung und Zuwendung. Wer erfolgreich und hart arbeitet, der fühlt sich wertvoll. Es ist heutzutage schick, überlastet zu sein und bei anderen darüber klagen zu können, wie schwer man es doch hat. Der Terminkalender oder noch besser das Hightech-Smartphone mit digitaler Terminkontrolle wird zum Statussymbol unserer Wichtigkeit.

C. S. Lewis brachte es schon vor vielen Jahren auf den Punkt, als er sagte: „Es ist anstrengend und ungesund, den Samstagnachmittag zu opfern [indem man ins Büro geht]; aber ihn freizuhaben, bloß weil man nicht zählt, ist viel, viel schlimmer."[41]

Arbeit bringt Anerkennung! Aber was ist, wenn das nicht reicht? Wenn der Nutzen gar nicht so groß ist, wie man das erwartet hat? Wenn das Loch in der Seele durch die Arbeit nicht gefüllt wird? Wenn das passiert, fangen viele Menschen erfahrungsgemäß an, noch härter zu arbeiten. Sich noch mehr anzustrengen. Noch mehr Geld zu verdienen. Und noch enttäuschter zu sein, weil es die Seele nicht wirklich befriedigt.

Was ist die Motivation hinter meinem Dienst? Die verborgenen Motive, die mich leiten? Bin ich insgeheim auf der Suche nach Anerkennung? Treibt mich das Gefühl, ich müsste Gott oder meinen Eltern, der Gemeinde oder meinem Partner irgendwie imponieren? Definiere ich mich als guter Mensch über die Arbeit, die ich tue? Bin ich gut, weil ich so engagiert bin oder weil ich so gute Arbeit leiste?

Verstehen Sie mich bitte nicht falsch: Arbeit an sich ist etwas Gutes! In der Bibel steht: „Am Anfang schuf Gott Himmel und Erde."[42] Auch Gott hatte Spaß an der Arbeit. Die Schöpfung war gut! Sogar sehr gut, wie er später feststellte! Es ist klasse, kreativ zu sein. Neues zu schaffen. Aufgaben zu bewältigen. Aber nachdem Gott mit der Schöpfung sechs Tage lang Spaß gehabt hatte, unterbrach er sein Werk und rief noch etwas anderes ins „Dasein": den freien Tag!

Hätte man die Zeit nicht besser nutzen können?

Nein, hätte man nicht! Gott nahm sich einen Tag frei, um sich hemmungslos an seiner Schöpfung zu erfreuen. Und er machte damit deutlich: Das Leben besteht nicht nur aus Arbeit, sondern gerade aus dem Wechsel zwischen Arbeiten und Genießen!

Immer ausgedehntere Ladenschlusszeiten, die Aufweichung der Sonntagsruhe, Powershopping im Internet rund um die Uhr, 24-Stunden-Verfügbarkeit des Serviceangebotes – all das spiegelt wider, wie sehr die Menschen ihren Rhythmus verloren haben und wie sehr sie von Arbeit und Konsum dominiert werden. Menschen, die verzweifelt hoffen, in der Arbeit liege die

Antwort auf ihre Sehnsucht nach Liebe und Anerkennung! Aber dies ist ein Trugschluss.

Im Nachruf für einen Kollegen las ich: „Er war 100 Prozent Pastor, 100 Prozent Ehemann und 100 Prozent Familienvater!" Leider starb er mit 53 an einem Herzinfarkt! Und eine kleine Stimme tief in mir sagt verzweifelt: „Das hat Gott so nicht gewollt!"

Wir haben unseren Rhythmus verloren, weil wir die Arbeit überhöhen. Und wenn wir unseren Rhythmus zurückgewinnen wollen, dann müssen wir der Arbeit den Platz zuweisen, den sie in Wahrheit innehaben sollte.

Ein Ausspruch von John Ortberg begleitet mich seit Jahren und kratzt immer wieder an meiner Seele: „Gott hat mehr Interesse an dem, was aus mir wird, als an dem, was ich für ihn tue!" Gott interessiert sich mehr dafür, welche Art Mensch ich werde, welchen Charakter ich entwickle, welche Persönlichkeit in mir heranreift, denn das, was aus mir wird, wird einmal auf ewig bei ihm sein. Dagegen ist das, was ich mache, was ich leiste, was ich beruflich tue, für ihn nicht ganz so wichtig. ***Meine Projekte, Erfolge und Ergebnisse beeindrucken Gott weniger, als mir lieb ist.***

Ihm geht es um mich, nicht um meine Leistung.

Wenn meine Töchter tolle Zeugnisse aus der Schule mit nach Hause bringen, dann freue ich mich, und natürlich bin ich stolz auf sie. Aber das beeinflusst nicht mein Interesse an ihnen. Meine Liebe zu ihnen beruht auf etwas anderem – eben schlicht auf dem, wer sie sind.

Gott geht es mit Ihnen und mir ganz genauso. Dennoch ertappe ich mich immer wieder dabei, dass mein Leben so aussieht, als wäre meine Leistung für ihn wichtiger. Meine Termine, meine Predigten, meine Projekte oder wie heißt es in der Fernsehwerbung: „... mein Haus, mein Auto, meine Jacht ..."

Gott meint Sie persönlich. Er fragt nicht nach Ihren Ergebnissen, er fragt nach Ihnen.

Wie würde Ihr Leben aussehen, wenn das wahr wäre?

Verlust der Genussfähigkeit

Mit der Überhöhung der Arbeit geht etwas einher, das ebenfalls zu einem Leben ohne Ruhepausen führt: Wir haben die Fähigkeit verloren, hemmungslos zu genießen!

Gott hat einen freien Tag eingelegt, seine Schöpfung genossen und sich an dem erfreut, was ihm da gelungen ist. Immer wieder heißt es im Schöpfungsbericht: „Und Gott sah, dass es gut war."[43]

Nach den Prüfungen für mein theologisches Examen hatte ich das dringende Bedürfnis, etwas zu tun, wofür ich nicht meinen Kopf, sondern nur meine Hände gebrauchen musste. Nachdem ich monatelang gepaukt und gelernt hatte, musste ich dringend irgendwas Praktisches machen, etwas, das man sehen, anfassen und zeigen konnte. Also begann ich, ein altes Vertiko zu restaurieren, ein echtes Schätzchen, das wir aus einem Nachlass geerbt hatten. Ich habe es abgebeizt, abgeschliffen, kaputte Teile ersetzt oder ausgebessert, und nach mehreren Wochen Arbeit war es fertig. Das helle Holz leuchtete und glänzte, und als es da in unserer

Wohnung stand, rückte ich mir das Sofa direkt davor, setzte mich hin und betrachtete andächtig und in stummer Verzückung das Werk meiner Hände.

Gott schenkt uns die Arbeit, aber er schenkt auch die Fähigkeit zum Genuss und zur Freude an dem, was gelungen ist. Viele Menschen haben diese Fähigkeit zur Sinnlichkeit, zum Genießen völlig verloren. Hier kommt wieder das Thema „Leben in der Gegenwart" ins Spiel, denn genießen kann ich nur in der Gegenwart. Wenn ich in Gedanken aber gar nicht hier, sondern schon wieder zwei Schritte weiter bin, verpasse ich den Moment des Genusses und der Freude, und meine Seele bleibt unbefriedigt.

Wie ist das mit Ihnen? Können Sie das, was Sie geschafft haben, genießen? Können Sie innehalten, das Sofa zurückrücken und in Ruhe betrachten, was gelungen ist? Die Tastatur oder das Geschirrtuch zur Seite legen und sich an dem erfreuen, was Sie geschafft haben? Oder hetzen Sie immer sofort weiter – zum nächsten Projekt, zur nächsten Aufgabe, zur nächsten Herausforderung? Gott gab uns die Fähigkeit zu genießen – er gab uns sogar ein Vorbild –, und der Sabbat stellt eine Chance dar, dies regelmäßig zu tun.

Manche Menschen verschieben das Genießen immer wieder auf später – wenn die Kinder aus dem Haus sind, wenn die Rente durch ist, wenn das Projekt abgeschlossen ist, dann ...

Tun Sie das nicht. Wir wissen nicht, ob später dazu noch Gelegenheit ist. Machen Sie den Genuss und die Freude zu einem Teil Ihres Lebens. Jetzt!

Leugnen der eigenen Grenzen

Der dritte Aspekt, der uns dazu verleiten kann, den Sabbat zu missachten, ist das Leugnen der eigenen Grenzen. Gott hat uns Gaben gegeben, aber er hat uns auch mit Grenzen versehen! Und diese Grenzen können wir nicht permanent überschreiten, ohne uns kaputt zu machen. Wir müssen sie annehmen; es hat keinen Sinn, sie zu bekämpfen. Gott gab uns zum Beispiel ein begrenztes Maß an Kraft. Er gab uns auch ein begrenztes Maß an Zeit und Energie! Und „begrenzt" bedeutet, dass Sie irgendwann erschöpft sind und Ihr innerer Speicher wieder neu aufgefüllt werden muss. Wenn wir diese Tatsache permanent ignorieren, kehren wir im Grunde zurück zum Problem des Sündenfalls: Wir wollen sein wie Gott. Seine Reserven sind unerschöpflich. Seine Kraft geht nie zu Ende. Ihm sind keine Grenzen gesetzt. Aber wir sind eben nicht Gott.

Kürzlich las ich einen Satz, mit dem alle Einsicht in das Leben beginnt: „Es gibt einen Gott. Und Sie sind es nicht."[44] Glauben Sie mir, darin steckt viel Weisheit. Ab und zu müssen wir uns daran erinnern. Es gibt einen Gott – und ich bin es nicht. Es gibt einen, der grenzenlose Kraft besitzt, und er ist sogar auf unserer Seite. Aber ich bin es nicht, der diese Kraft besitzt. Ich habe Grenzen. Ich brauche Auszeiten. Ich darf bestimmte Punkte nicht überschreiten, sonst füge ich mir und anderen Schaden zu.

Es gibt einen Gott. Und ich bin es nicht!

Als die Jünger von einem längeren Auftrag zu Jesus zurückkehrten, sagte er zu ihnen: „Jetzt ruht euch aus!

Ihr habt euch angestrengt und jetzt nehmt euch frei! Ihr braucht nicht ständig zu geben. Ihr seid Wesen, die auch immer wieder empfangen müssen. Ihr braucht jetzt Ruhe."[45]

Wie oft tun wir so, als könnten wir durch reine Willensanstrengung und durch Disziplin unsere Grenzen überschreiten, und merken dabei nicht, dass wir anfangen, Substanz zu verbrennen! Dies ist nicht der Wille Gottes. Er gab uns Grenzen und wir müssen mit diesen Grenzen Freundschaft schließen!

Noch einmal: In der Bibel heißt es, dass der Wert eines Menschen nicht in der Summe seiner Taten und Untaten besteht. Der Wert, die Würde des Menschen bestehen darin, dass Gott ihn liebt. Nicht, was ich tue, was ich zu leisten in der Lage bin, entscheidet darüber, ob ich wertvoll bin, sondern allein die Wertschätzung Gottes macht mich zu einem liebens-werten Menschen. Meine Würde wird in den Augen Gottes nicht dadurch gesteigert, dass ich hart arbeite. Und sie wird nicht dadurch geschmälert, dass ich Mist baue. Wer sich so geliebt weiß, der kann frei mit Arbeit und Genießen umgehen, frei mit den Grenzen, die ihm gesetzt sind.

Überhöhung der Arbeit, Verlust der Genussfähigkeit und Leugnen der eigenen Grenzen – drei falsche Grundeinstellungen, die dazu führen können, dass wir das Sabbat-Gebot nicht länger beachten!

Was aber können wir stattdessen tun?

Einige von uns müssen ganz dringend lernen, diesen Rhythmus von Arbeit und Ruhezeiten wieder einzuhalten. Wir müssen unsere Grenzen annehmen, indem wir uns verbindlich dafür entscheiden, an einem Tag in der Woche zu ruhen und nicht zu arbeiten.

Vielleicht müssen Sie dafür den Sabbat fest einplanen. Tragen Sie ihn sich in Ihren Kalender ein. Am besten schon für das ganze Jahr im Voraus. Begehen Sie den Sabbat bewusst als eine freie Zeit, die Ihnen von Gott geschenkt ist. Beginnen Sie schon am Vorabend damit und lassen Sie das Abendessen mit der Familie der Startschuss für Ihren Sabbat sein.

Dieser Tag ist Gottes Geschenk an Sie. Dieser Tag soll Ihnen Ruhe geben. Er soll Ihr Vertrauen auf Gott stärken. Er soll Ihnen bewusst machen, dass Sie ein endliches, ein begrenztes Wesen sind, aber geschaffen für eine Beziehung zu einem unendlichen, unbegrenzten Gott.

Investieren Sie darüber hinaus Zeit in etwas, das Ihre Akkus wieder auffüllt – ein gutes Buch, eine Spielrunde am Abend mit den Kindern oder mit Freunden. Gönnen Sie sich einen langsamen Spaziergang, hören Sie gute Musik, machen Sie ein Nickerchen. Nehmen Sie eine Zusage aus der Bibel und denken Sie darüber nach. Es gäbe unendlich viele Ideen, was Sie tun könnten und was nicht. Finden Sie heraus, was Ihnen guttut. Und dann tun Sie es.

Daneben sollten Sie sich ebenfalls einen Rahmen stecken und festsetzen, was Sie *nicht* tun – nicht mal schnell die E-Mails checken, nicht schnell noch mal eine Maschine Wäsche anstellen und aufhängen, keine dienstlichen Telefonate entgegennehmen, keine Post bearbeiten.

Ein letzter Gedanke: Bitten Sie einen anderen Menschen um Unterstützung, wenn Sie versuchen, die Sache mit dem Sabbat ernst zu nehmen. Erlauben Sie ihm, Sie zu fragen, wie es mit dem Konzept des freien Tages läuft. Bitte Sie ihn um sein Gebet. Mein Leben hätte heute mit Sicherheit nicht den Rhythmus, den es hat, wenn meine Frau in dieser Frage nicht besonders auf mich achtgehabt hätte. Sie hat mich gerade in den ersten Jahren meiner Tätigkeit als Pastor immer wieder sanft ermahnt, wenn ich „nur schnell mal eben das eine oder andere erledigen wollte". Ihre Geduld, Ihre Ausdauer und Beharrlichkeit haben mir geholfen, meinen Rhythmus nicht immer wieder über Bord zu werfen. Denn es gibt auch am Sabbat so viele Dinge, die man eben nur noch schnell mal ... Sie wissen schon, was ich meine.

Gott gab uns den Sabbat, den freien Tag als Geschenk! Machen Sie Gebrauch von diesem Geschenk! Und nicht vergessen: Es gibt einen Gott. Und Sie sind es nicht!

Kapitel 9

Wie das Leben gelingen kann – in der Bibel lesen

Gebt dem Wort Raum, in dem Christus bei euch gegenwärtig ist!
Kolosser 3,16 (Gute Nachricht)

Gott – so sagt er – hat uns unendliche Schätze zu geben, und wir begnügen uns mit einer kleinen, gefühlvollen Andacht, die in einem Augenblick vorübergeht.
Bruder Lorenz[46]

Keine Übung hat so wesentliche Auswirkungen auf die geistliche Entwicklung eines Menschen wie der regelmäßige intensive Umgang mit dem Wort Gottes – der Bibel.

In der Bibel begegnet uns der dreieinige Gott auf ganz besondere Weise. Er tritt uns in diesen Texten gegenüber mit Liebe, mit Ratschlag, mit Hilfe, Ermahnung, Korrektur und Ermutigung. In dem schriftgewordenen Wort Gottes begegnen wir dem fleischgewordenen Wort. Wer intensiv über diese Texte nachdenkt, wer im Umgang mit diesem Wort zu einem guten Rhythmus gefunden hat, der hat die wesentliche Grundlage für ein gesundes „geistliches Erwachsenwerden" gelegt.

Die weltweit durchgeführte REVEAL-Studie der *Willow Creek Community Church*, die bislang das geistliche Leben von über einer Viertelmillion Menschen auf der ganzen Welt untersucht hat[47], kommt zu dem Ergebnis, dass eine intensive Beschäftigung mit der Bibel der wichtigste Faktor ist, um Menschen auf ihrer geistlichen Reise weiterzubringen.[48] Gleichzeitig gilt aber auch der Umkehrschluss: Wer keinen intensiven Zugang zur Bibel gewonnen hat, der wird es ausgesprochen schwer haben, geistlich Schritte nach vorn zu machen.

Nun ist dieses Thema ja nicht neu. In frommen Kreisen wird seit Jahrzehnten betont, wie wichtig die sogenannte „Stille Zeit" sei, wie zentral und bedeutsam die Stellung sei, die diese Übung für das geistliche Leben einnähme. Unter der Hand oder unter vier Augen nimmt die Zahl derer allerdings explosionsartig zu, die zugeben, mit ebendieser „Stillen Zeit" so ihre Probleme zu haben. ***Es hat ganz den Anschein, dass immer weniger Menschen Gott wirklich in seinem Wort begegnen oder einfach nicht wissen, wie sie sich vernünftig mit der Bibel beschäftigen können. Vielleicht kennen Sie ja jemanden, der Probleme im Umgang mit der Bibel hat. Ich treffe so jemanden jeden Morgen im Badezimmer – und es ist nicht meine Frau!***

Göttliches Orakel?

Als Teenager dachte ich, die Bibel sei so eine Art göttliches Orakel – wenn man nicht weiß, was man tun soll, blättert man in der Bibel, und dann wird Gott durch einen Vers reden.

Sie kennen vielleicht die folgende Geschichte: Jemand möchte wissen, was Gott ihm zu sagen hat. Also greift er sich eine Bibel. Er betet: „Herr, was soll ich tun?" Dann blättert er ziellos in der Bibel, steckt irgendwo seinen Finger rein – *paff*! Und was steht dort: „Und Judas ging hin und erhängte sich!" Okay, ist vielleicht nicht das Richtige.

Zweiter Versuch: „Herr, was soll ich tun?" Blättern, Finger rein – *paff*! „Siehe, du wirst schwanger werden und einen Sohn gebären, und du sollst ihm den Namen Jesus geben." Ich meine, lesen Sie das einmal, wenn Sie zwölf Jahre alt sind ... und ein Mann!

Mittlerweile weiß ich: Es ist durchaus richtig, in der Bibel nach Antworten zu suchen. Und es kann sogar sein, dass Gott auch mal durch eine Art biblisches Roulette redet. Der normale Umgang mit der Bibel sieht allerdings anders aus. Die Bibel ist kein Orakel. Sie ist kein Horoskop, bei dem ich aus der Losung des Tages die konkrete Handlungsanweisung ableiten kann!

Die Bibel will gelesen, durchdacht, verstanden und durchdrungen werden. Gott will durch sie zu uns reden. Aber nicht nach dem Roulette-Verfahren, sondern eingebettet in eine Beziehung. Die Bibel soll uns dabei unterstützen, dass unsere Beziehung zu Gott sich vertieft! Gott will uns in dieser Beziehung leiten und füllen.

Gott will uns leiten

Jesus erzählte ein interessantes Gleichnis zu diesem Thema:

Wer diese meine Worte hört und sich nach ihnen richtet, wird am Ende dastehen wie ein kluger Mann, der sein Haus auf felsigen Grund baute. Als dann die Regenflut kam, die Flüsse über die Ufer traten und der Sturm tobte und an dem Haus rüttelte, stürzte es nicht ein, weil es auf Fels gebaut war. Wer dagegen diese meine Worte hört und sich nicht nach ihnen richtet, wird am Ende wie ein Dummkopf dastehen, der sein Haus auf Sand baute. Als dann die Regenflut kam, die Flüsse über die Ufer traten, der Sturm tobte und an dem Haus rüttelte, fiel es in sich zusammen und alles lag in Trümmern.[49]

John Ortberg hat dieses Gleichnis einmal in einer seiner Predigten auf wundervolle Weise verarbeitet. Was Jesus hier sagt, so Ortberg, ist: Jeder Mensch konstruiert sein Leben. Und das Baumaterial sind die Entscheidungen, die wir treffen. Niemand kann dieses Haus an unserer statt bauen! Es ist *unser* Haus. Wir sind dafür verantwortlich. Jede Freundschaft, die wir vertiefen oder aufgeben, jedes Buch, das wir lesen oder beiseitelegen, jede Zusage, die wir einhalten oder brechen, wird Teil dieses Hauses.

Das Zweite, was Jesus hier sagt, ist: Jeder erlebt den Sturm. Beide Männer in dem Gleichnis werden mit dem Sturm konfrontiert. Und es ist exakt der gleiche Sturm. Denn Jesus erzählt hier keine Geschichte über Sturmvermeidung. Stürme gehören zu unserem Leben dazu! Der Sturm wird kommen – da können wir sicher sein. Jeder Mensch wird früher oder später in seinem Leben Dinge erleben, die ihn in seinen Grundfesten erschüttern. Dinge, die ihn umzuwerfen drohen, die tiefe Wunden schlagen. Manchmal ist es die Krankheit oder der Tod eines lieben Menschen. Manchmal das Zerbrechen einer Beziehung. Manchmal die Zerstörung eines Lebenstraumes. Ich weiß nicht, wie Ihr Sturm aussieht, aber er wird unweigerlich kommen. Vielleicht stecken Sie auch schon mittendrin.

Aber gleichgültig, wie der Sturm nun im Einzelnen aussieht – alle Stürme tun immer das Gleiche: Sie offenbaren, auf welchem Fundament unser Haus steht. Sie zeigen, worauf unser Leben gegründet ist. ***Nicht, was wir sagen, nicht, was wir denken – Stürme zeigen glasklar, worauf wir gebaut haben, welches Fundament uns trägt.***

Jesus bietet jedem Menschen mit der Bibel ein stabiles Fundament an. Er will uns durch sein Wort und sein Vorbild leiten. Er will uns helfen, die richtigen Entscheidungen zu treffen. Er will uns seine Weisheit zur Verfügung stellen. Er verspricht uns sogar seinen Geist, der uns bei der Suche nach Leben helfen und leiten wird. Wer sich dafür öffnet, der ist klug! Jesus sagt: „Wer meine Worte hört und sich danach richtet, der hat ein gutes Fundament gewählt. Wer sein Leben im Vertrauen auf mich und mein Wort baut, der baut auf Fels! Der hat einen Halt für sein Leben, den ihm niemand nehmen kann!“

Wer das nicht tut – und wir *müssen* es nicht tun, denn Gott lässt uns auch in diesem Punkt die freie Entscheidung –, der braucht es nicht zu tun. Aber der verhält sich dumm, sagt Jesus. Ich habe noch gelernt, dass es nicht höflich ist, wenn man jemanden als „dumm" bezeichnet. Aber Jesus tut es hier. Er wählt nicht höfliche Worte, sondern klare. „Wer meine Hilfe in den Wind schlägt, tut sich damit keinen Gefallen. Es ist dumm, dies zu ignorieren. Es ist dumm, es nur zu hören und nicht zu tun." Was bedeutet das?

Wie sagte der bekannte „Philosoph" Forrest Gump: „Dumm ist der, der Dummes tut." Und Dummes tut man, wenn man nicht darüber nachgedacht hat.

Wenn Kinder etwas Dummes getan haben, dann stellen Erwachsene in der Regel eine Frage. Ein Wort, fünf Buchstaben. Meine Eltern haben es mich gefragt, ich frage es meine Kinder: „WARUM?"

„Warum hast du dein Tretauto hinter meinem Wagen geparkt, wo ich doch drüberfahre, wenn ich zurücksetze? ... Warum musstet ihr ausprobieren, ob man eine Erbse ins Nasenloch deiner Schwester stecken kann? ... Warum musstest du testen, ob der Wagen wirklich die Einfahrt runterrollt, wenn man die Handbremse löst? ... Warum?" Und wenn es um die Antwort geht, dann sind Kinder sich hier sehr einig. Beinahe scheint es so, als würde jemand sie vor der Geburt zur Seite nehmen und sagen: „Sollte jemals jemand fragen: ‚WARUM?', dann antwortest du: ‚WEISS NICHT!!'"

Natürlich wissen sie es nicht, sonst würden sie nicht so etwas Dummes tun!

Der Mann mit dem sandigen Bauplatz hat nicht richtig nachgedacht. Er hat einfach gebaut. Schien eine gute Idee zu sein! Und hier ist der Punkt: Diese Dinge passieren. Niemand plant das. Der Mann hat nicht gesagt: „Oh, hier ist ein prima Sandplatz. Hier kann ich ein schönes Haus bauen, das bestimmt in sich zusammenfällt, wenn der nächste Sturm kommt." Es passiert. Niemand tritt vor den Traualtar mit dem Ziel, sich in zehn Jahren scheiden zu lassen und die Kinder ins Chaos zu stürzen. Es passiert! Niemand beginnt den Tag mit einem Glas Sekt und dem Ziel, Alkoholiker zu werden. Es passiert. Niemand surft im Internet auf eine Webseite mit eindeutigen Inhalten, weil er hoffnungslos von Pornografie abhängig sein und seine Ehe ruinieren will. Es passiert. Niemand biegt die Wahrheit im Büro ein wenig zurecht, um sich dann hilflos in ein Geflecht von Lügen zu verstricken und seinen Job zu verlieren. Es passiert. Und es bringt jedes Mal großes Leid mit sich.

Gott leidet, wenn er uns leiden sieht. Darum gab er uns die Bibel, darum gab er uns sein Wort. Darum gab er uns Hilfen, wie das Leben gelingen kann! Maßstäbe, Richtlinien, Werte, Weisheit – *Wer diese meine Worte hört und sich nach ihnen richtet, wird am Ende dastehen wie ein kluger Mann, der sein Haus auf felsigen Grund baute. Wer dagegen diese meine Worte hört und sich nicht nach ihnen richtet, wird am Ende wie ein Dummkopf dastehen, der sein Haus auf Sand baute.* Gott will uns leiten.

Gott will uns füllen

Der zweite Grund, warum die Bibel so wichtig ist: Gott will uns füllen. Er will uns mit Zuversicht füllen, mit Hoffnung, mit Freude, mit Frieden, mit Mut und vor allem: mit Liebe! Die Bibel ist nicht nur Richtschnur und Quelle der Weisheit – sie ist vor allem Gottes Liebesbrief an uns. Dazu gedacht, uns die Zusage seiner Nähe, seiner Kraft, seiner Hilfe, seiner Vergebung und Treue immer wieder aufs Neue zuzusprechen.

Stellen Sie sich einmal vor, Ihr Herz wäre wie ein jüdischer Tempel aufgebaut. Da gibt es einen Vorhof, der öffentlich und für jeden zugänglich ist. Dies ist die Seite Ihres Lebens, die jeder sehen kann. Das sind die Überzeugungen, die Sie nach außen vertreten, die Werte, die Sie praktisch vertreten, das Leben, das Sie für alle sichtbar führen. Kurzum: die öffentliche Seite Ihres Lebens.

Dann gibt es einen Bereich für die Priester, das sogenannte Heiligtum. Dies ist ein geschützter Bereich. In Ihrem Leben steht er für das Private, für die Seite, die Sie Freunden und Angehörigen zeigen, die nicht jeder sehen, von der nicht jeder wissen darf – nur ausgewählte Personen, eben Menschen, die Ihnen nahestehen.

Aber dann gibt es noch den Bereich des Allerheiligsten. Dieser Bereich war im jüdischen Tempel allein dem Hohepriester vorbehalten. Niemand durfte dort hinein, außer diesem einen. Auf Ihr Leben übertragen ist dies der Ort, an dem Sie mit Gott allein sind – nur er und Sie. Wenn Sie sich jetzt an diesen Ort begeben – was finden Sie dort?

Bei vielen Menschen ist dieser Ort leer. Da ist nichts! Dabei möchte Gott, dass dieser Ort gefüllt ist mit Musik und wundervollen Erinnerungen. Er soll gefüllt sein mit Zusagen, Verheißungen, Erinnerungen an Gottes gutem Weg mit uns. Es soll ein Ort sein, an dem Gott für uns sein ewiges, nie endendes Liebeslied singt. Ein Ort, gefüllt mit Geschenken und Segnungen. Ein Ort des Friedens. Eine Quelle der Kraft. Aber dieser Ort füllt sich nicht von selbst! Er wird unter anderem dadurch gefüllt, dass wir uns dem Wort Gottes aussetzen und das Gute, das darin steckt, in unser Leben aufnehmen.

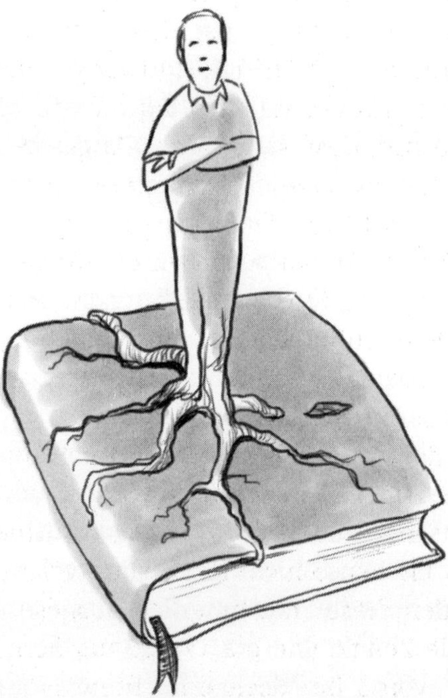

Jesus hat einmal gesagt: „Ein guter Mensch bringt Gutes hervor aus dem guten Schatz seines Herzens; und ein böser Mensch bringt Böses hervor aus seinem bösen Schatz."[50]

Die Bibel enthält so viele gute Dinge, dass wir daraus einen Vorrat sammeln können, der uns hilft zu leben. In Kapitel 7 habe ich Ihnen von der Erfahrung im Kloster erzählt und davon, wie sich damals der Friede Gottes auf mich herabgesenkt hat. Die Erinnerung an diesen Tag wurde zu einem kostbaren Gegenstand in meinem Allerheiligsten. Sie wurde zu einem Schatz, auf den ich mein Leben lang zurückgreifen kann und an den ich mich erinnere, wenn mir der Frieden fehlt.

Ich erinnere mich an eine Frau aus meiner Gemeinde, die zu einer Krebsuntersuchung musste. Hinterher erzählte sie mir, dass sie in ihrer Angst betete, es aber nicht zu helfen schien. Aus heiterem Himmel musste sie an die Geschichte der Sturmstillung denken. Sie hatte plötzlich vor Augen, wie Jesus die Jünger auf dem See gerettet und den Sturm gestillt hatte. Und augenblicklich wurde sie ruhig. Jesus befahl auch dem Sturm in ihrer Seele. Diese Frau hatte etwas in ihrem Allerheiligsten, woraus sie Kraft beziehen konnte.

Ein anderes Mal unterhielt ich mich mit einer Frau, die unter einer extrem schweren Schuld litt. Sie hatte einen Menschen auf dem Gewissen, ein Kind. Ich denke, ich kann bis heute nicht ermessen, welchen Anklagen und Qualen diese Frau innerlich ausgesetzt war. Aber ich wurde Zeuge, wie die Worte aus dem Römerbrief, Kapitel 8, Vers 1 ihre Seele erreichten: „Vor dem Gericht

Gottes gibt es also keine Verurteilung mehr für die, die mit Jesus Christus verbunden sind." Plötzlich wurde das theoretische Wissen darüber, dass Gott uns vergeben hat, zu einer praktischen Erfahrung. Als diese Frau nach langem Schweigen tränenüberströmt den Kopf hob und ungläubig sagte: „Jetzt ist es ruhig. Die anklagenden Stimmen sind verstummt!", da hatte sie einen Schatz für ihr Allerheiligstes gefunden, von dem sie ihr Leben lang zehren wird.

Und Gott bietet jedem von uns an, einen solchen Schatz anzusammeln, einen Vorrat anzulegen. Wenn wir uns dem Guten aussetzen, dann wird er das Gute in unserer Seele verankern. Dann werden wir dort gute Gedanken finden. Aber dazu müssen wir es erst in uns aufnehmen.

Das Problem mit der Bibel

Es ist gar nicht so leicht, das Wort Gottes in uns aufzunehmen. Bibellesen, Bibel verstehen und intensives Nachdenken über die Bibel sind heute so schwierig wie niemals zuvor. Und zwar nicht deshalb, weil die Bibel nicht verfügbar wäre. In manchen Teilen der Erde stellt das durchaus ein Problem dar. Man besitzt gar keine Bibel; man bekommt sie nur auf dem Schwarzmarkt oder im Untergrund. Anders bei uns. Hier ist die Bibel verfügbar. Wir haben mehr Möglichkeiten als jemals zuvor. Es gibt Bibeln in jeder Form und Übersetzung: die Bibel als Buch, auf CD, im Internet, für iPod und Handy, gelesen von Ben Becker und getanzt von Bully Herbig. (Na gut, das mit Bully Herbig habe ich mir ausgedacht, aber alles andere stimmt.) Was den äußeren Zugang angeht, ist das Wort Gottes in der westlichen Welt so verfügbar wie niemals zuvor.

Aber gleichzeitig war es noch nie so schwer, einen inneren Zugang zu diesem Wort zu finden, mit diesen Texten zu leben, sie zu durchdringen, in sich aufzunehmen, zu verinnerlichen und dadurch unsere Seele von Gott verändern zu lassen. Und das ist größtenteils auf die äußeren Umstände unseres Lebens zurückzuführen.

Das entscheidende Stichwort ist dabei „Reizüberflutung". Wir sind heute, ebenfalls wie niemals zuvor, einer unglaublichen Fülle an Reizen ausgesetzt! Unsere Sinne und unsere Gedanken werden überflutet von optischen, akustischen und inhaltlichen Eindrücken. Informationen, Bilder, Szenen, Geschichten, Appelle – all das prasselt in zunehmendem Maß auf uns ein. Kürzlich erzählte mir jemand, dass man heute in einer einzigen Tageszeitung mehr Informationen findet, als einem Menschen vor fünfhundert Jahren im Laufe seines gesamten Lebens zur Verfügung standen. Ich weiß nicht, ob diese Zahlen exakt so stimmen, aber der Trend ist in jedem Fall richtig. Das hat nun zur Folge, dass unser Gehirn bestimmte Dinge besonders gut kann, weil es sie trainiert hat, und bestimmte Dinge kann es auch besonders schlecht, weil dieser „Muskel" verkümmert ist, da er nicht aufgebaut wurde.

Der „Muskel", der besonders trainiert wird, ist der Muskel des Vergessens. Rein in den Speicher, raus aus dem Speicher und schnell wieder vergessen, denn die nächste Botschaft steht schon bereit. Wir sind einem permanenten Strom von Informationen ausgesetzt, die dafür sorgen, dass unser Gehirn unablässig beschäftigt ist. Viele davon sind auf den ersten Blick nutzlos. Andere sind nutzlos, tarnen sich aber als wichtige Informationen!

Hier einmal ein kleiner Test: Haben Sie gestern Abend die Nachrichten angeschaut? Im Durchschnitt beinhaltet eine solche Nachrichtensendung elf bis dreizehn Meldungen. An wie viele dieser Meldungen können Sie sich noch erinnern? Schaffen Sie mehr als drei? Nein, die Wettervorhersage zählt nicht! Die kommt ja immer! Sind es fünf? Eine? Diese kleine Übung zeigt: Wir wurden nicht informiert – wir wurden unterhalten. Wir sind einfach nur in den Strom von optischen Reizen eingetaucht, und dieser Strom sorgt dafür, dass unsere kleinen grauen Zellen unablässig beschäftigt sind – mehr nicht. Allerdings haben wir uns so an diesen Strom gewöhnt, dass wir nervös werden, wenn er wider Erwarten einmal abreißt.

Denken Sie zum Beispiel an das Wartezimmer beim Arzt. Plötzlich sind wir mit uns allein. Keine Arbeit, keine großen optischen Reize. Nur wir und unsere eigenen Gedanken. Da tun sich Abgründe auf. Ich habe dort schon Männer gesehen, die aus reiner Verzweiflung angefangen haben, die „Brigitte" zu lesen.

Wenn wir mit uns und unseren Gedanken allein sind, dann ist das öde! Also schnell, wo ist der nächste Reiz! Sonst widerfährt uns das Schlimmste, was es gibt: Langeweile. Wussten Sie, dass es den Begriff „Langeweile" in manchen der alten Sprachen gar nicht gibt? Die Hebräer und die Griechen hatten dafür kein Wort. Muße – ja, das konnte man benennen. Aber Langeweile – das kannte man nicht! Langeweile ist eine Erfindung der Neuzeit! Sie ist das Symptom einer Gesellschaft, die immer mehr auf Unterhaltung setzt und nur noch nach Zerstreuung sucht – dabei ist Zerstreuung gar nicht das, was fehlt. Zerstreut sind wir genug; was uns fehlt, ist Sammlung. Aber dieser Muskel zur Sammlung, der ist gar nicht mehr trainiert. Der ist verkümmert! ***Bei einer Sache zu verweilen, innezuhalten, zu warten, einen einzigen Gedanken zu bewegen – darin haben wir keine Übung mehr.***

Der Autor des 1. Psalms schreibt: „Wie glücklich ist der Mensch, der Freude findet an den Weisungen des Herrn, der Tag und Nacht in seinem Gesetz liest und darüber nachdenkt."[51] Im Original heißt es sogar „den ganzen Tag vor sich hin murmelt". Wir „murmeln" in der Regel nicht mal zehn Minuten und wundern uns dann, dass das Wort Gottes in unserem Leben keine Kraft entwickelt. Was uns fehlt, ist ein trainierter Muskel, der uns in die Lage versetzt, dem Wort Gottes wirklich unsere Aufmerksamkeit zu schenken. Hier fehlt uns die Praxis und diese mangelnde Praxis schneidet uns ab von der Kraft des Wortes Gottes.

Wir müssen es also neu einüben innezuhalten. So wie man ganz langsam und behutsam einen Muskel aufbaut, indem man klein anfängt und die Übungen regelmäßig, langsam, aber kontinuierlich steigert. Über viel zu lange Zeit haben wir „Vergessen" trainiert – und nicht „Innehalten und Verweilen". Daher müssen wir nun mit einem neuen Training beginnen.

Dazu habe ich zwei praktische Vorschläge für Sie, mit deren Hilfe Sie den verkümmerten Muskel ganz allmählich, aber kontinuierlich wieder aufbauen können. Das eine ist eine jahrtausendealte Übung, die schon die alten Kirchenväter kannten. Das andere ist eine etwas ungewöhnliche Praxis des Bibellesens neueren Datums.

Die Lectio divina

Um die Fähigkeit des Innehaltens und Verweilens bei einem Text wieder langsam einzuüben, möchte ich Ihnen eine Übung vorschlagen, die auf die ersten Jahrhunderte des Christentums zurückgeht: die sogenannte „Lectio divina" („göttliche Lesung"). Man könnte das Ganze auch als eine meditative Form des Bibellesens bezeichnen.

Bei dieser Übung liest man einen kurzen Abschnitt aus der Bibel (3 bis 5 Verse) laut, langsam, betont und aufmerksam. Dies tut man mehrfach hintereinander, und zwar mit einem unterschiedlichen Fokus. Ich persönlich finde einen dreifachen Fokus hilfreich, andere schlagen einen vierfachen Fokus vor.[52]

Beim ersten Durchgang geht es allein darum, den Text zu verstehen. Im langsamen und lauten Lesen nehmen wir die Informationen des Textes auf: „Was ist passiert? Was sind die Hauptaussagen des Textes? Was wird geschildert?" Bei diesem Schritt kann man schon einmal erkennen, welche Worte man nicht versteht, welcher Sachverhalt unklar bleibt oder welche Fragen auftauchen. In der ersten Leserunde geht es um die Fakten: „Was können wir aus diesem Text verstehen?" Dabei müssen wir nicht sofort auf alle Fragen eine Antwort finden, sondern nur das Thema aufnehmen.

Nach einer kurzen Pause, in der wir über das Gelesene einen Moment nachdenken, lesen wir den Text ein zweites Mal. Ebenfalls wieder langsam und laut. Nun stellen wir uns die Frage: „Welche Gefühle lösen die einzelnen Worte bei mir aus?“ Wiederholen Sie unter Umständen einzelne Worte oder Phrasen mehrfach. Betonen Sie den Text unterschiedlich, um unterschiedliche Aspekte herauszuhören. Wo immer Sie hängen bleiben, weil das Gelesene etwas in Ihnen zum Klingen bringt, wiederholen Sie die Worte. Lassen Sie diese Worte einsinken, und spüren Sie dem Gefühl nach, das diese Worte in Ihnen ausgelöst haben. Bei dieser zweiten Runde geht es um die Frage: „Was fühle ich, wenn ich diesen Text lese? Was haben die Menschen damals gefühlt? Was hat Gott gefühlt? Welche Worte klingen in mir nach? Welche Atmosphäre empfinde ich beim Lesen?“ Diese Runde braucht ein wenig mehr Zeit. Aber es lohnt sich, dem Text emotional ein wenig nachzuspüren.

In einer dritten Leserunde lesen Sie dann den Text noch einmal laut und betrachten ihn unter der Fragestellung: „Erkenne ich in diesem Text etwas, das Gott mir sagen will? Entdecke ich einen Impuls? Habe ich etwas gelernt? Stoßen diese Worte etwas in mir an?“

Am Ende dieser drei Durchgänge beten Sie. Reden Sie mit Gott über das, was der Text in Ihnen ausgelöst hat. Danken Sie für das, was Ihnen deutlich geworden ist, und benennen Sie die Fragen, die offengeblieben sind.

Das laute Lesen des Textes führt dazu, dass wir den Text nicht nur mit den Augen aufnehmen, sondern auch mit den Ohren und mit dem Mund. Wir sprechen diese Worte laut aus, und unsere Ohren hören, was wir sagen. Und dies bewirkt mehr in unserer Seele als das reine Lesen allein.

Wenn Sie dies regelmäßig tun, wird Ihre Seele sich wieder an den Umgang mit dem Wort Gottes gewöhnen. Und Sie werden langsam Übung darin gewinnen, wieder innezuhalten und einen Text in Ihr Bewusstsein dringen zu lassen.

Der Jahrestext

Die zweite Übung für den Umgang mit dem Wort Gottes bezieht sich auf einen sogenannten Jahrestext. Auch diese Übung eignet sich besonders dafür, die intensive Beschäftigung mit einem Text erst wieder neu einzuüben. Hier geht es darum, ein Jahr lang jeden Tag den gleichen Abschnitt zu lesen und dabei zu sehen, wie dieser Abschnitt mehr und mehr in das eigene Leben hineinspricht.

Ich habe dies vor einigen Jahren mit dem Text aus dem 13. Kapitel des 1. Korintherbriefes ausprobiert – dem sogenannten Hohelied der Liebe. Jeden Tag habe ich diese 13 Verse gelesen, habe versucht, sie auswendig zu lernen (was bei den modernen Übersetzungen gar nicht so einfach ist – Luther war da leichter) und in mein Leben aufzunehmen. Jeden Tag habe ich darüber nachgedacht, was die Liebe in meinem Leben bedeutet. Wie ich diese Liebe in mich aufnehmen und auch an andere weitergeben kann. Wie diese Liebe mich infrage stellt und wie ich mit dieser Infragestellung umgehe.

Eines Morgens brachte ich meine Tochter Hanna in die Schule und fuhr dazu auf den Parkplatz eines Supermarkts. Anschließend wollte ich ins Büro fahren. Um wieder auf die Straße aufzufahren, musste ich einen Bürgersteig überqueren. Während ich auf eine Lücke im Berufsverkehr wartete, tauchte vor meinem Auto von rechts eine Mutter mit ihrer Tochter auf, die auf dem Bürgersteig unterwegs waren. Obwohl diese Frau hinten um meinen Wagen hätte herumgehen können, bestand sie darauf, dass ich zurücksetzte, damit sie mit ihrem Kind vor dem Auto hergehen konnte. Das Kind war wohl ein Erstklässler. Vielleicht übte die Mutter gerade mit dem Kind den Schulweg; ich weiß es nicht. In jedem Fall hatte sie sich in den Kopf gesetzt, um keinen Preis der Welt den Bürgersteig zu verlassen. Stattdessen sollte *ich* den Weg frei machen. Für mich war das aber ein Problem, denn wenn ich zurücksetzte, konnte ich die Straße nicht mehr einsehen und würde womöglich die Lücke im Verkehr verpassen.

Ich stand also vor der Frage, was ich tun würde. Hochspirituell veranlagt, wie ich nun mal bin, schaltete ich auf stur und benahm mich wie der letzte Volltrottel. Ich setzte nicht mit dem Wagen zurück, sondern wies stattdessen freundlich darauf hin, dass die Frau hintenherum gehen könnte. Was wiederum diese Frau mehr und mehr zum Toben brachte. Das arme Kind stand völlig verschüchtert daneben und schien nicht zu begreifen, warum der böse Mann im Auto so garstig war.

Mittlerweile hatte sich die Frau so richtig warmgelaufen und legte noch eine Schippe zu. Sie wollte die Polizei holen und ob ich überhaupt einen Führerschein hätte; ihre Worte drifteten mehr und mehr ins Beleidigende ab. Darauf fielen auch mir ein paar passende Antworten ein, die ich aber alle aufgrund meiner christlichen Erziehung nicht benutzen konnte. Schließlich wurde es mir zu dumm – und ich setzte etwa vier Millimeter zurück. Sie zog wetternd wie eine Gewitterfront an mir vorüber und ich konnte schließlich ins Büro fahren.

Als ich zwanzig Minuten später wild vor mich hin schimpfend an meinem Schreibtisch ankam, wartete dort schon meine Bibel auf mich – mit dem Text aus 1. Korinther 13, den ich ja schon seit einigen Monaten las. Autsch!

Unerbittlich drängte sich nun dieser vertraute Text in mein Bewusstsein.

Wenn ich die Sprachen aller Menschen spreche und sogar die Sprache der Engel, aber ich habe keine Liebe – dann bin ich doch nur ein dröhnender Gong oder eine lärmende Trommel. Wenn ich prophetische Eingebungen habe und alle himmlischen Geheimnisse weiß und alle Erkenntnis besitze, wenn ich einen so starken Glauben habe, dass ich Berge versetzen kann, aber ich habe keine Liebe – dann bin ich nichts. Und wenn ich all meinen Besitz verteile und den Tod in den Flammen auf mich nehme, aber ich habe keine Liebe, dann nützt es mir nichts.

Die Liebe ist geduldig und gütig. Die Liebe eifert nicht für den eigenen Standpunkt, sie prahlt nicht und spielt sich nicht auf. Die Liebe nimmt sich keine Freiheiten heraus, sie sucht nicht den eigenen Vorteil. Sie lässt sich nicht zum Zorn reizen und trägt das Böse nicht nach. Sie ist nicht schadenfroh, wenn anderen Unrecht geschieht, sondern freut sich mit, wenn jemand das Rechte tut. Die Liebe gibt nie jemand auf. In jeder Lage vertraut und hofft sie für andere; alles erträgt sie mit großer Geduld.[53]

Na super! Ich würde sagen, ich hatte es vermasselt. In den folgenden Tagen erinnerte mich dieser Text beständig daran, dass ich diese Frau finden musste, um mich zu entschuldigen! Was zwei Wochen später dann auch tatsächlich der Fall war. Wir begegneten uns in der Nähe des Supermarktes, ich sprach sie an, entschuldigte mich für mein stures Verhalten, und damit hatte ich die Sache losgelassen! Aber das bedeutet nicht, dass der Text aufhörte, mein Leben infrage zu stellen.

Je mehr ich diesen Text las, desto mehr begann dieser Text, *mich* zu lesen. Als das Jahr vorüber war, hatte ich eine Vielzahl von wesentlichen Erfahrungen mit diesen Worten gemacht. Der Abschnitt war mir nun sehr vertraut. Er war zu etwas geworden, das sich tief in meinem Leben verankert hatte.

Hatte ich nun die Sache mit der Liebe im Griff? Klar, und das mit der Demut hatte ich auch gleich mit erledigt! Die ehrliche Antwort lautet natürlich: „Nein!" Aber dennoch hat dieser Text ein Stück meines Lebens verändert.

Ich weiß nicht, welche Erfahrungen Sie mit der Bibel haben. Aber wenn Sie sich mit dem Bibellesen schwertun, dann möchte ich Sie bitten: Geben Sie sich selbst und der Bibel noch einmal eine Chance.

Fangen Sie langsam mit der Lectio divina an oder suchen Sie sich einen Jahrestext aus. Es muss ja nicht gleich 1. Korinther 13 sein – obwohl: Machen Sie es ruhig einmal! Aber es könnten auch Römer 8 oder Psalm 23 oder Kolosser 3 oder Philipper 2 sein oder vielleicht ein ganz anderer Text, der für Sie wichtig ist. Kommt Ihnen ein Jahr zu lang vor, dann fangen Sie doch mit einem Monat an, und schauen Sie mal, wie weit Sie kommen. Erlauben Sie der Bibel, Ihr Leben zu hinterfragen. Sie werden es nicht bereuen.

Die Sache mit dem Liebesbrief

Als meine Kinder noch kleiner waren, kam ich von einer Reise nach Hause und fand einen Brief vor! Er war an mich adressiert und als Absender standen dort:

Agathe Apfelmus und Pinki Schokopudding.

Ich glaube, es war das Kichern meiner beiden Töchter im Flur, das mich ahnen ließ, wer sich hinter diesen Pseudonymen verbarg! Der Brief selbst und auch der Umschlag waren voller Tipp-Ex, die Schrift war ein klein wenig krakelig, mit einigen Fehlern, und dort stand:

Sehr geehrter Herr Ahlbrecht!

Wir können ihnen die erfreuliche Nachricht bringen, dass wir sie lieben!! Lieben sie uns auch?? Auf alle Fälle finden wir es schön, dass sie wieder zu Hause sind!

Mit freundlichen Grüßen
Agathe Apfelmus & Pinki Schokopudding

PS: Entschuldigen sie den vielen Tipp-Ex!

Ich trage diesen Brief seit Jahren mit mir herum. Er liegt in meiner Bibel. Er ist mir kostbar! Die Liebe meiner Kinder und die Liebe meiner Frau sind für mich die größten Geschenke, die Gott mir in dieser Welt machen konnte. Und meine Kinder waren so nett, mir zu erlauben, Ihnen von diesem Brief zu erzählen, denn dieser Brief ist für mich zu einem Bild geworden. Ein Bild, das zeigt, was aus mir werden soll: Auch ich soll ein Brief werden, ein Liebesbrief Gottes an die Menschen in meinem Umfeld.[54] Und auch ich bin mit Tipp-Ex übersät, voller Korrekturen und Fehler, und manchmal bin ich auch sehr krakelig! Aber das alles spielt keine Rolle, denn die Botschaft ist das Entscheidende – die Botschaft der Liebe. ***Gottes Brief an mich macht mich zu einem Brief an die Welt.***

Aber das Einzige, was mich zu einem liebevolleren Wesen werden lässt, ist Gott selbst, der mir in seinem Wort begegnet. Es ist sein Liebeswort, das durch mich hindurch in diese Welt dringen soll. Dieses Wort verwandelt mich. Und es hat die Macht, die Welt um mich herum ebenfalls zu verwandeln. Aber damit all das geschieht, damit ich ein Liebesbrief werden kann, muss ich eines tun: Ich muss mich diesem Wort aussetzen. Immer wieder neu. Muss seinen Brief lesen, um selbst ein Brief zu sein.

Kapitel 10

Wahre Zufriedenheit erlangen – Fasten und Feiern

Feiern bringt Freude ins Leben,
und Freude macht uns stark.
Richard Forster

Vor vielen Jahren gab es in dem Spielzeugladen bei uns in der Nähe ein Steckenpferd zu kaufen. Sie wissen schon: so ein Pferd am Stiel, auf dem die Kinder durchs Haus reiten können. Dieses Pferd hatte ein weißes Fell und eine hellblaue (!) Mähne, in die kleine rosa Kunstrosen eingeflochten waren. Wenn man es in das rechte Ohr kniff, hörte man das Pferd wiehern; wenn man es in das linke Ohr kniff, hörte man es galoppieren.

Dieses Pferd war der Traum meiner damals vierjährigen Tochter Ronja.

„Papa, ich wünsche mir nichts so sehr wie dieses Pferd."

„Papa, wenn ich nur dieses Pferd bekommen könnte, bräuchte ich gar nichts anderes. Dann wäre ich glücklich!"

„Papa, ich werde mir nie wieder etwas wünschen, wenn ich nur dieses Pferd bekomme."

An dieser Stelle der Verhandlungen wurde es für mich interessant. Das könnte sich auf lange Sicht recht günstig auswirken. Also, was denken Sie? Hat Ronja ihr Steckenpferd bekommen?

Ja!

Hat Ronja Wort gehalten und sich nie wieder etwas anderes gewünscht?

Nein!

Hat mich das überrascht?

Nnnnnjaaaaa!

Ich meine, wir hatten doch eine Abmachung. Ich hätte eine Menge Geld sparen können ...

Aber mal im Ernst! Niemand hat wirklich damit gerechnet, dass mit dem Steckenpferd alle Wünsche von Ronja erfüllt wären. Und ich hätte das auch gar nicht gewollt. Ich liebe es ja, die Wünsche meiner Töchter zu erfüllen – sofern es in meiner Macht steht –, weil ich sie so liebe. Aber so ist das eben im Zeitalter der Konsumgesellschaft: Wir wollen mehr – immer mehr! Immer dann, wenn wir am Horizont unserer Wünsche angelangt sind, hat sich unbesehen ein neuer Horizont aufgetan. Neue Wünsche sind aufgetaucht. Die Spirale scheint unaufhaltsam zu sein; sie dreht sich immer weiter und weiter. Immer mehr haben, immer mehr bekommen, immer mehr brauchen, immer mehr, immer mehr, immer mehr.

„Meins!" ist in der Regel eines der ersten Wörter, das kleine Kinder aussprechen können. „Meins!" – nicht „Deins!" und auch nicht „Unser!", sondern „Meins!".

Und darüber hinaus stehen die Chancen auch gut, dass die Worte „Haben wollen" es unter die Top fünf der ersten Zweiwort-Sätze schaffen.

Nun könnte man ja denken, dass der Mensch irgendwann doch mal genug hat. Irgendwann genügt es. Irgendwann ist das Fass gefüllt, das Lager voll, die Seele zufrieden. Aber dies ist leider ein Trugschluss.

Ich erinnere mich noch gut, wie wir als Jugendliche über den Rekordtransfer des englischen Fußballstars Tony Woodcock diskutiert haben, für den man die astronomische Summe von 200.000 DM bezahlt hatte. In Worten: zweihunderttausend. Einfach unglaublich, oder? 200.000 DM – so etwas war noch nie da gewesen! *Was fängt man mit einer solchen Summe an?*, dachten wir damals. *Und so etwas wird bestimmt nie mehr passieren. So teuer wird niemals wieder ein Spieler sein.*

2009 wurde zum ersten Mal bei einem Spielertransfer die 100-Millionen-Dollar-Grenze überschritten und das Jahresgehalt dieses Stars übersteigt das, was dreißig Durchschnittsverdiener in ihrem gesamten Leben verdienen.

Aber das ist immer noch nicht genug. Die Summen steigen weiter. Die Kluft zwischen „Mehr" und „Genug" ist offenbar unüberbrückbar.

Ein durchschnittlicher Amerikaner wird am Tag mit etwa 3.000 Werbebotschaften konfrontiert, und das ist in Europa nicht viel anders. Auch wir werden täglich hundertfach mit Sätzen bombardiert wie: „Kauf mich! Trag mich! Trink mich! Fahr mich! Iss mich! Tu mich in dein Haar und du wirst glücklich werden!" Aber wir werden nicht glücklich. Was also setzen wir diesem mächtigen Impuls entgegen? Was hilft uns, dem nahezu unentrinnbaren Diktat des Konsums zu entrinnen?

In dieser Situation ist das Spannungsfeld von Fasten und Feiern enorm wichtig.

Was wir brauchen, ist ein Rhythmus, der uns hilft, Verzicht zu üben! Was wir brauchen, ist eine regelmäßige Übung, die unsere Seele trainiert und uns dabei unterstützt, Dinge gar nicht erst haben zu wollen. ***Das Geheimnis eines zufriedenen und erfüllten Lebens besteht darin, nicht alles zu bekommen, was man will, sondern nur das zu wollen, was man hat!*** Und diese Zufriedenheit kann man lernen.

Paulus schreibt im Brief an die Philipper:

Ich habe gelernt, in jeder Lage zurechtzukommen und nicht von äußeren Umständen abhängig zu sein. Ich kann Not leiden, ich kann im Wohlstand leben; mit jeder Lage bin ich vertraut. Ich kenne Sattsein und Hungern, ich kenne Mangel und Überfluss. Allem bin ich gewachsen durch den, der mich stark macht.[55]

Paulus hat gelernt, zurechtzukommen. Er hat gelernt, zufrieden zu sein. Er kennt eine Zufriedenheit, die nicht von äußeren Umständen abhängig ist. Seine Seele ist frei, aber wie ist ihm das gelungen? Ich glaube, dass ein wesentlicher Faktor zu dieser Freiheit das Fasten ist.

Die Übung des Fastens ist ein fantastisches Instrument, das leider von vielen Menschen unterschätzt wird und das in der westlichen Welt nur wenige nutzen.

Dabei verstehe ich unter Fasten nicht das Volksgebaren, das jedes Jahr kurz vor Beginn der Bikini-Saison einsetzt, unterfüttert mit „Brigitte"-Diäten, Saftfasten und der Aktion „24 Kilo in drei Tagen"! Dies hat mit der biblischen Übung des Fastens relativ wenig zu tun.

Fasten ist seit vielen Tausend Jahren eine geistliche Übung für die Seele – und nicht fürs Abnehmen gedacht. Gut, manche möchten den positiven Nebeneffekt gerne „mitnehmen", aber beim Fasten geht es um etwas anderes. Wenn ich faste, mache ich mir selbst auf körperliche Weise deutlich: „Der Mensch lebt nicht vom Brot allein, sondern von einem jeden Wort, das aus dem Mund Gottes geht."[56] Ich lebe von mehr als von dem, was ich habe. Und der Verzicht auf das, was ich habe, öffnet das Bewusstsein für das, was da auch noch ist!

Fasten bedeutet: Ich verzichte um Gottes Willen für einen gewissen Zeitraum auf etwas, das mir eigentlich zusteht – zum Beispiel auf Nahrung, es kann aber auch alles Mögliche andere sein: Fernsehen, Alkohol, Handy, Computer, Auto oder Facebook.

Ich tue das, um meinem Körper zu helfen, sich auf Gott auszurichten, zugleich aber übt meine Seele damit Verzicht. Ich übe, etwas, das ich normalerweise selbstverständlich zur Verfügung habe, nicht zu nutzen. Ich übe Verzicht – und das fällt unserer konsumverwöhnten Seele ausgesprochen schwer. „Haben wollen" und „Meins!" haben selbst dann, wenn wir schon erwachsen sind, immer noch viel Macht über uns.

Doch wir können diese Macht brechen – die regelmäßige Übung des Fastens vollbringt hier wahre Wunder!

Wenn ich regelmäßig Verzicht übe, dann ist das, als würde meine Seele einen geistlichen Muskel aufbauen und trainieren. Er wird im Laufe der Zeit immer stärker. Wir sind immer besser in der Lage, Nein zu sagen, und werden so frei vom Diktat des Immer-Mehr.

Wer regelmäßig Verzicht übt, der kann dann nicht nur auf Nahrung verzichten.

Der kann auch in anderen Bereichen verzichten.

Der muss die neueste Mode nicht mitmachen. Nicht den neusten Elektro-Schrott anschaffen.

Der kann auch mal auf ein vergessenes „Dankeschön" verzichten oder auf den nächsten Film im Fernsehen.

Die Seele baut durch Verzicht Kraft auf – Kraft, die uns im täglichen Leben enorm zugutekommt.

Manche Menschen machen seit vielen Jahren bei der Aktion „Sieben Wochen ohne" mit, in deren Rahmen in der siebenwöchigen Passionszeit auf ein Konsumgut verzichtet wird – gleichgültig, ob es dabei nun um Süßigkeiten, Alkohol, Handy, Computer oder Fernsehen geht.

Andere halten jeden Monat einen oder mehrere Fastentage. Auch in der Bibel finden wir alle möglichen Arten von Fastenzeiten: Ein-Tages-Fasten, Drei-Tages-Fasten, Sieben-Tages-Fasten bis hin zu den vierzig Tagen, die Mose, Elia oder auch Jesus praktiziert haben. Fasten allein, zu zweit oder mit einer ganzen Gruppe oder Gemeinde – wie man es macht, spielt letztlich keine Rolle. Unsere Lebensentwürfe sind nun mal unterschiedlich, und jeder muss herausfinden, was in sein Leben passt und was machbar ist.

Entscheidend ist nicht, wie wir es tun – entscheidend ist, *dass* wir es tun!

Zweitens werden wir durch Fasten dankbarer für das, was bereits da ist.

Unsere Gesellschaft ist vergnügungssüchtig. Wir amüsieren uns zu Tode, schrieb der Medienkritiker Neil Postman schon vor mehr als zwanzig Jahren. Da ist der bewusste Verzicht, das bewusst gewählte Opfer heilsam, weil es uns vor Augen führt, was wir haben und wie kostbar und wenig selbstverständlich diese Dinge im Grunde sind. Wie köstlich ein Apfel schmecken kann, den wir sonst oft nebenbei verspeisen. Wie gut ein frisches Brot duftet und mit wie wenig man schon zufrieden sein kann. Wer fastet, hilft seiner Seele, Dankbarkeit einzuüben.

Und das zu feiern, was uns geschenkt wurde.

Damit komme ich zum zweiten Punkt dieses Kapitels: Fasten ist die eine Seite der Medaille, Feiern die andere.

Feiern lernen

Neben dem Fasten brauchen wir die regelmäßige Übung des Feierns.

Ja, auch das Feiern kann eine geistliche Übung sein. Gott hat seinem Volk von Anfang an verbindlich geboten zu feiern – dreimal im Jahr eine ganze Woche. Und wissen Sie, womit das finanziert wurde? Mit dem Zehnten, mit den Abgaben, die das Volk Gott zum Tempel brachte. Wenn Sie das nicht glauben, lesen Sie es nach: 5. Mose, Kapitel 14, ab Vers 22.

Gott gab seinem Volk das Gebot zu feiern. Er machte sich damals und auch heute keine Sorgen darüber, dass wir uns zu viel freuen. Nein, seine Sorge war und ist, dass wir uns *zu wenig* freuen.

Feiern heißt wahrnehmen, wertschätzen, genießen und dankbar sein.

Was tun Sie, um regelmäßig Gottes Güte in Ihrem Leben zu feiern? Um diese Güte zu genießen und wertzuschätzen? Die Theatergruppe meiner ersten Gemeinde traf sich beispielsweise zweimal im Jahr, um sich die Videos ihrer Theatereinsätze anzuschauen! Sie feierten, was sie gemeinsam für Gott getan hatten. In den Proben hatten sie hart gearbeitet. An so manchem Sonntag trafen sie sich zur Vorbereitung bereits vier Stunden vor Beginn des Gottesdienstes, damit ausreichend Zeit war, um alle zu schminken. Aber sie arbeiteten nicht nur hart: Sie feierten auch, und dann gab es Lachshäppchen und Sekt, und es wurde viel gelacht.

Oftmals sind wir so auf unsere Aufgaben fixiert, dass wir für Feiern keinen Raum lassen. Aber das ist fatal. Wenn wir das Gute nicht feiern und festhalten, verliert es die Kraft, die es in unserer Seele entfalten könnte.

Feiern und Wertschätzen

Zum Feiern gehört auch, dass wir einander wertschätzen. Denn in der Wertschätzung feiern wir das, was *der andere* ist und tut, und das ist für jede Gemeinschaft wichtig, ob es nun die Familie ist, das Kollegenteam oder der Mitarbeiterkreis in der Gemeinde.

In diesem Bereich haben wir Deutsche ein echtes kulturelles Defizit. Um es auf den Punkt zu bringen: Wir haben es nicht so mit der Wertschätzung. Bei vielen Teams lautet die Devise eher: „Nicht geschimpft ist genug gelobt!"

Da ich beruflich häufig mit Amerikanern zu tun habe, fiel mir irgendwann auf, dass diese eine völlig andere Kultur des Feedbacks und der Wertschätzung besitzen.

Vor einigen Jahren war ich mit meinem Freund Mark in Deutschland zu Gemeindeabenden unterwegs, und nach jedem Abend setzten wir uns mit dem verantwortlichen Mitarbeiterteam zusammen, um die Veranstaltung auszuwerten. Mark schien bei diesen Treffen regelrecht körperlich zu leiden.

Als wir später wieder im Auto unterwegs waren, fragte er mich dann: „Warum tut ihr so was?"

Ich wusste gar nicht, was er meinte. Ich fand, dass die Sitzung gar nicht so schlecht gewesen war. „Wieso? Lief doch ganz gut." Aber Mark schüttelte den Kopf und sagte: „So wird Lernen nicht zu einem positiven Erlebnis. Ihr habt euch in die Runde gesetzt, kurz festgehalten, dass es gut war, und dann habt ihr alles so zerpflückt und kritisiert, dass am Ende des Abends jeder deprimiert nach Hause ging. Selbst die kleinste negative Beobachtung wurde angesprochen. Aber was gut und richtig war, was geklappt hat und gelungen ist, das habt ihr völlig außer Acht gelassen." Ein paar Monate später nahm ich an einem Auswertungstreffen in Chicago teil, und da begriff ich plötzlich den Unterschied. Die Amerikaner wertschätzen spezifisch – und sie kritisieren allgemein. Deutsche hingegen wertschätzen allgemein – und kritisieren spezifisch. Dies verleiht einem Treffen aber einen völlig anderen Grundton.

Hier ein Beispiel: In der Auswertungsrunde in den USA hört man Folgendes: „Mann, war das ein Abend! Kathrin, tolles Lied, klasse vorgetragen, voller Leidenschaft – ich hatte echt Gänsehaut. Mark, was für eine super Idee für ein Theaterstück! Und du warst die gesamte Zeit völlig drin in der Rolle. Bill, die Abschlussgeschichte in der Predigt war einfach genial! Hat mich richtig gepackt und den Sack zugebunden. Super! Insgesamt könnten wir aber vielleicht an den Übergängen noch mehr arbeiten, oder was meint ihr?"

Nun die Version aus der deutschen Runde: „War ein guter Abend, aber wieso war denn das Mikro so spät auf, als die Ansagen kamen? Und ich finde, die Bandmitglieder könnten sich ruhig ein bisschen netter anziehen. Außerdem war der Übergang vom Lied zum Theaterstück eine absolute Katastrophe. Aber sonst war es ganz in Ordnung!"

Achten Sie einmal darauf, wie Sie sich nach beiden Statements fühlen. Bei welchen Rückmeldungen macht Lernen mehr Spaß? Was würden Sie sagen?

Ich denke, es würde uns Deutschen wirklich guttun, eine neue Kultur der Wertschätzung einzuführen. Und das ist gar nicht so schwer: Nehmen Sie sich vor, jeden Tag fünf Personen eine spezifische Sache zu nennen, die Sie an ihnen sehr schätzen, oder einen Dank in Worte zu fassen. Halten Sie nach Möglichkeiten Ausschau, bei denen Sie einem Menschen etwas Positives, Ermutigendes, Bestätigendes oder einfach Danke sagen können. Und dann sagen Sie es ihm.

Als meine Tochter Hanna zwei Jahre alt war, bekam sie beim Bäcker ein Brötchen geschenkt.

Und wie man das als Vater dann so macht, habe ich sie angesehen und mit erwartungsvollem Blick gesagt: „Und? Was sagt man???"

Hanna schaute mir einen Moment lang ratlos in die Augen, dann hellte sich ihr Gesicht auf, und sie strahlte die Verkäuferin an: „Noch eins für Ronja, bitte!"

Das sind die Momente, in denen ich mir wünschte, ich könnte meinen Kommunikator aufklappen und sagen: „Beam mich hoch, Scotty!"

Wir bringen Kinder bei, Danke zu sagen. Warum lassen wir zu, dass Erwachsene es wieder verlernen? Dabei wäre es so einfach und würde so vieles verändern.

„Danke, dass du dich einbringst!"

„Danke, dass du so zuverlässig bist!"

„Danke, dass du diese Gruppe leitest!"

„Danke, dass du deine Tochter gerade so liebevoll in den Arm genommen hast!"

„Danke!"

Es kostet uns so wenig, bedeutet aber so viel. Übrigens: Hanna weiß heute natürlich, dass man Danke sagt, wenn man etwas geschenkt bekommt. Sie hat mich extra gebeten, noch mal darauf hinzuweisen, damit ja kein falscher Eindruck entsteht.

Ich habe im Laufe der Jahre immer wieder einmal kleine Briefe gefunden – Botschaften von Menschen, die mir etwas Nettes sagen wollten. Ein paar kurze Zeilen, in denen sie mir berichteten, wie Gott sie durch mich angesprochen hat: was ihnen eine Geschichte bedeutete oder wo sie durch einen Artikel neuen Mut gefunden haben. Vielleicht finden Sie dies etwas lächerlich, aber ich sammele diese Zettel. Sie bedeuten mir etwas. Sie sind kostbar.

Was würde passieren, wenn Sie und ich damit beginnen würden, eine neue Kultur der Wertschätzung zu schaffen? Danke zu sagen? Jeden Tag nach drei oder fünf Menschen Ausschau zu halten, denen wir etwas Positives sagen können? Und wenn dies Bestandteil eines neuen Lebensrhythmus sein könnte?

Fasten und Feiern – beides gehört zum Rhythmus eines gesunden geistlichen Lebens. Wenn Sie mögen, dann nehmen Sie sich doch jetzt am Ende dieses Kapitels einen Moment Zeit, und denken Sie darüber nach, worauf Sie in Zukunft immer wieder einmal verzichten wollen, und dann feiern Sie Ihren Entschluss!

Es lohnt sich!

Teil 3

Rhythmus missverstanden

Kapitel 11

Nicht der Rhythmus ist das Ziel, sondern das Leben

Du kannst das Pferd anspannen für den Tag der Schlacht; aber der Sieg kommt vom Herrn.
Sprüche 21,31 (Gute Nachricht)

Kein Mensch kann geistliches Wachstum produzieren. Es ist einfach nicht machbar – sosehr uns die Verkäufer geistlicher Rezepte dies auch glauben machen wollen. Die Veränderung unseres Wesens, die Verwandlung des Kerns unserer Persönlichkeit, liegt nicht in unserer Hand. Wir haben Zugang zur Oberfläche unseres Handelns und können ein bestimmtes Verhalten nur kurzzeitig beeinflussen. Aber die Quelle, aus der heraus wir handeln, liegt nicht in unserem Einflussbereich.

Wir können uns zwar für Frieden in unserer Umgebung einsetzen, aber unser innerer Friede ist nicht „machbar". Wir können anderen Menschen eine Freude bereiten, aber unsere eigene Freude ist nichts, das wir irgendwie „herstellen" können. Wir können versuchen, Menschen hin und wieder liebevoll zu behandeln, aber es liegt nicht in unserer Macht, uns selbst in einen liebevollen Menschen zu verwandeln.

Wir können uns selbst zur Geduld ermahnen, aber wir haben keinen Zugriff auf den Bereich unserer Seele, der uns zu einem geduldigen Menschen macht. Liebe, Freude, Friede, Geduld, Freundlichkeit, Güte, Treue, Sanftmut und Selbstbeherrschung sind keine Tugenden, in die wir hineinschlüpfen könnten wie in ein Jackett. Paulus bezeichnet diese Dinge als die Frucht des Geistes[57], und das bedeutet, dass es sich bei diesen Tugenden um Dinge handelt, die Gott durch seinen Geist in uns hervorbringt. Sie sind Geschenke und werden aus einer anderen Quelle und Kraft gespeist als unserer eigenen. Und sie sind nicht von uns kontrollierbar.

Deutlich unterstrichen wird das von Paulus noch einmal, als er die Adressaten des Römerbriefes auffordert: „Lasst euch vielmehr von Gott umwandeln, damit euer ganzes Denken erneuert wird."[58]

Lasst euch umwandeln. Das bedeutet: Nicht wir sind die treibende Kraft hinter der Veränderung, sondern Gott. Nicht wir schaffen die Verwandlung, sie ist ein Werk von Gottes Geist. Seine Energie, seine Kraft, seine Schöpfungsmacht erneuern und verwandeln uns und lassen uns geistlich reifen. Wir müssen sein Handeln nur zulassen, uns für das Verwandlungswerk von Gottes Geist öffnen und ihn „machen lassen".

Die Fabrik, in der mein Vater fast sein ganzes Leben gearbeitet hat, stellte früher neben vielen anderen Dingen auch Segelboote her. Das hatte für uns als Familie den netten Nebeneffekt, dass wir immer wieder mal segeln gehen konnten. Dabei habe ich sehr schnell eine Lektion gelernt:

Wenn kein Wind ist, dann wird nicht gesegelt!

Manchmal kamen wir nach einer knappen Stunde

Fahrt am See an und es war zu meinem großen Entsetzen völlig windstill. Absolute Flaute. Nicht das leiseste Kräuseln auf der Wasseroberfläche zu sehen. Als Kind war ich dann immer furchtbar enttäuscht, denn ich wusste, wir würden nun unverrichteter Dinge wieder nach Hause fahren müssen. Ich dachte, dass es doch einen Weg geben müsste, den Wind zu machen. Wenn ich nur genügend pustete oder wenn wir einen großen Föhn mitnehmen würden, dann ... Aber so enttäuschend das für mich als Kind auch war: Wenn kein Wind ist, dann wird nicht gesegelt. Und den Wind kann ich nicht machen! Er ist nicht verfügbar – er ist ein Geschenk!

Nun war aber natürlich nicht immer Flaute. Es gab viele Tage, an denen eine anständige Brise wehte. Dann hieß es: Ran an die Arbeit. Wir konnten nämlich nicht einfach so lossegeln. Vorher mussten wir eine Menge Dinge erledigen: Wir mussten das Segel auspacken und hochziehen, die Fog ausrollen und befestigen. Wir mussten den Baum festzurren, die Vertäuung am Steg lösen und vieles, vieles mehr. Erst wenn alles bereit war, konnten wir vom Steg ablegen. Und dann schossen wir unter lauten Begeisterungsrufen meinerseits über den See. Obwohl wir den Wind nicht machten, waren wir also dennoch nicht untätig. Unsere Verantwortung bestand darin, die Segel zu setzen, damit der Wind so viel „Angriffsfläche" wie möglich fand, um uns vor sich herzutreiben.

Dies ist für mich ein Bild für das, was Rhythmus und geistliche Übungen leisten können und was nicht. Rhythmus und geistliche Übungen schaffen keine Veränderung, sie machen nicht den Wind. Veränderung schafft allein Gott, der uns mit seiner Liebe auf geheimnisvolle Weise in unserer Seele berührt und uns so in den Menschen umgestaltet, den er vom Anbeginn der Zeit erdacht hat.

Rhythmus und geistliche Übungen lassen uns aber die Segel setzen. Sie bereiten unser Leben auf den Wind vor. Sie versetzen unser Leben in einen Zustand, in dem wir dem Geist Gottes eine möglichst große Angriffsfläche bieten, damit der Wind Gottes wehen kann und unser kleines Lebensschiff weit nach vorne bringt.

Um es noch einmal ganz deutlich zu sagen: Ein guter Rhythmus dient nicht dazu, irgendjemanden zu beeindrucken, schon gar nicht Gott. Wir müssen für ihn nicht durch irgendwelche Reifen springen. Das, was wir unser geistliches Leben nennen, beeindruckt ihn nicht, denn er will mehr. Er will unser gesamtes Leben durchdringen. Er will mit seiner Liebe und seiner Nähe alles reich machen – was wir denken, was wir fühlen, wie oft wir lachen, wie wir arbeiten, wie wir anderen Menschen begegnen – einfach alles.

Geistliche Übungen dienen nicht dem Ziel, uns geistlicher erscheinen zu lassen. Sie sind keine Beweise unserer Ernsthaftigkeit, sie sind kein Opfer, das wir Gott bringen, und sie verleihen uns auch keinen besonderen geistlichen Status. Sie sind schlichtweg Werkzeuge, die uns helfen, unser Leben immer mehr auf das Geschenk der Nähe Gottes auszurichten. Sie bilden den Nährboden, auf dem der Glaube eine solide Basis finden und wachsen und gedeihen kann.

Geistliche Übungen und Werkgerechtigkeit

Im evangelischen Lager herrschte lange Zeit eine große Skepsis gegenüber allem, was nach Rhythmus und Übungen aussah. Alles, was Menschen aktiv tun konnten, lief immer Gefahr, sofort unter den Generalverdacht der Werkgerechtigkeit zu geraten – so als würde man sich durch geistliche Übungen den Zutritt zum Himmelreich verdienen wollen. Alles, was irgendwie nach eigener Anstrengung roch, stand nach diesem Verständnis im Gegensatz zur Gnade Gottes.

Dabei schließen sich Gnade und Anstrengung doch überhaupt nicht aus. Um es deutlich zu sagen: Ich bejahe die Gnade Gottes völlig. Wir sind allein aufgrund der freien Entscheidung eines souveränen Gottes gerettet, der uns einzig aus Liebe ausgewählt hat, damit wir als seine Kinder mit ihm leben. Wir können nichts tun, dass er uns mehr liebt, und wir können nichts tun, dass er uns weniger liebt. Wir sind allein aus einer freien, unerklärlichen Gnadenentscheidung Gottes geliebt.

Diese Gnade gilt. Aber diese Gnade ist nicht das Gegenteil von Anstrengung, wie Dallas Willard so treffend bemerkte; sie ist das Gegenteil von Verdienen.[59] Gnade bedeutet nicht, dass mir alles zufällt und ich gar nicht anders kann, als diese einfach nur zu akzeptieren. Ich kann nichts tun, um sie zu bekommen. Ich kann nichts eintauschen gegen das, was Gott mir da aus freien Stücken anbietet. Die Gnade ist ein freies Geschenk. Sie will aber sehr wohl ergriffen werden und hier ist Arbeit erforderlich. Wie die Gnade sich in unserem Leben auswirkt, das will eingeübt werden. Manchmal scheint es so, als hätten wir im evangelischen Lager über Jahre hinweg versucht, die Menschen mit der Gnade Gottes bekannt zu machen, ohne ihnen aber gleichzeitig beizubringen, was es bedeutet, mit der Gnade Gottes zu leben, sie Tag für Tag zu ergreifen und das Leben von ihr durchdringen zu lassen. Hier können geistliche Übungen eine enorme Hilfe sein.

Leider verläuft unser Leben meist nicht so, dass wir permanent in der Nähe Gottes sind. Eher das Gegenteil ist der Fall: Unser Leben driftet von Gott weg, wenn wir nicht gegensteuern. Es unterliegt dem 2. Gesetz der Thermodynamik – man nennt es auch das „Gesetz des Kinderzimmers" –: „Alles auf dieser Welt strebt dem Chaos und der Unordnung zu!"

So ist es auch mit dem Glauben. Um unser Leben auf Gott auszurichten, um seine Gnade in unser Leben aufzunehmen, um von seiner Weisheit geleitet und von seiner Liebe verwandelt zu werden, müssen wir in seiner Nähe sein. Eine Nähe, aus der wir nur allzu schnell wieder verschwinden, wenn wir die Dinge einfach so laufen lassen.

Rhythmus und geistliche Übungen können uns helfen, hier gegenzusteuern. So verstanden ist ein guter Rhythmus Mittel zum Zweck. Ziel ist es, ein Leben in der Nähe Jesu zu führen. Und dies bedeutet: Leben in Fülle, Leben und volle Genüge, gelingendes Leben, Leben im Überfluss.[60]

Nicht das Training ist das Ziel, sondern der Wettkampf

Als Jugendlicher habe ich ein paar Jahre Tischtennis gespielt. Ich ging zweimal die Woche zum Training und stellte fest, dass es dort zwei Arten von Sportlern gab: Die eine Gruppe bestand zum großen Teil aus meist älteren Herren, die einfach nur deshalb zum Training kamen, um sich körperlich etwas zu betätigen. Sie waren froh, dass sie jemanden zum Spielen fanden. Sie wollten ihrem Körper etwas Gutes tun, genossen die Gemeinschaft der Vereinskameraden, und ab und zu waren sie auch fröhlich, wenn sie einem Grünschnabel wie mir noch etwas beibringen konnten. Zum Beispiel Demut – indem sie mich mal eben von der Platte putzten.

Diese älteren Herren spielten ebenfalls in einer Liga, aber man hatte den Eindruck, dass das Ergebnis dieser Liga für sie recht unbedeutend war. Ob sie nun gewannen oder verloren, war nicht entscheidend. Ihr Ziel war ein anderes: Sie erfreuten sich an der Bewegung, der Kameradschaft und dem Spiel.

Für diese Sportler lag das Ziel darin, zum Training zu gehen. Und das reichte ihnen völlig aus.

So legitim und so ernst zu nehmend dieser Ansatz auch ist – bei geistlichen Übungen geht es nicht in erster Linie um das Training. Geistliche Übungen dienen dem Wettkampf, sprich: dem Leben.

Ich gehörte damals im Verein zu der anderen Gruppe von Sportlern: Ich trainierte, um mich auf den Wettkampf vorzubereiten. Stundenlang habe ich Aufschläge geübt, Kontern, Schmettern, Unterschnitt und

Seitschnitt, und das alles nur aus einem Grund: wegen des Wettkampfs! Dort wollte ich bestehen. Das heißt, eigentlich wollte ich mehr: Ich wollte gewinnen. Alles, was ich im Training tat, diente diesem einen Ziel. Es sollte mich auf den Tag vorbereiten, an dem ich an der Platte einem unbekannten Gegner gegenüberstand.

Alle Übungen, aller Rhythmus verfolgen nur ein Ziel: Sie sollen dem Leben dienen. Sie sollen uns auf all die Herausforderungen vorbereiten, die das Leben für uns bereithält. Sie sollen uns in die Lage versetzen, die Kraft zu haben, die wir dann brauchen. Die Nähe Gottes zu erleben, die uns fehlt. Übungen bilden den Rahmen für ein wundervolles Bild. Wir sollten den Rahmen nicht mehr lieben als das Bild!

Ob ich im Laufe meines Lebens dankbarer werde, ist auf das zurückzuführen, was ich eingeübt habe. Ob ich vertrauensvoller werde, ist auf das zurückzuführen, was ich eingeübt habe. Ob ich einem feindseligen Angriff mit Liebe und Vergebung begegnen kann, ist auf das zurückzuführen, was ich eingeübt habe. Ob ich mein Leben mehr und mehr im Bewusstsein der Gegenwart Gottes verbringe oder nicht, das ist – genau – auf das zurückzuführen, was ich eingeübt habe.

Kennen Sie jemanden, der sich nicht wünscht, am Ende seines Lebens ein dankbarer, zufriedener, vertrauensvoller, von Frieden erfüllter und versöhnter Mensch zu sein? Wünschen tun sich das fast alle. Die Frage ist, welcher Rhythmus uns dazu verhelfen kann, dieses Ziel auch zu erreichen.

Kapitel 12

Locker bleiben!

Die heiligste, gewöhnlichste und notwendigste Übung im geistlichen Leben ist die Wahrnehmung der Gegenwart Gottes.
Bruder Lorenz[61]

Mein blinder joggender Freund Andreas besitzt die besondere Gabe, schon nach wenigen Metern auf der Laufstrecke zu wissen, wie mein Tag im Büro war. Neulich hielt er, kaum dass wir die ersten Meter zurückgelegt hatten, inne und fragte voller Anteilnahme: „War der heutige Tag so schlimm?"

Ich schreckte hoch. „Was??? Ja ... ziemlich ... Aber woher weißt du das?"

Seine Antwort kam prompt. „Du rennst wie ein Getriebener! Wenn du so weitermachst, wirst du heute wenig Spaß am Laufen haben. Und deinem Körper tut das übrigens auch nicht gut. Also – jetzt nimm mal Rücksicht auf den alten Mann an deiner Seite und lauf bitte etwas langsamer. Lass uns stattdessen die frische Luft genießen! Kopf hoch, Brust raus. So ein Atemzug ist doch besser als jede Praline ..."

Da ich auf Andreas höre, liefen wir also sehr langsam und atmeten tief in den Bauch hinein. Und wirklich – nach ein paar Minuten merkte ich, wie sich mein Puls verlangsamte, wie ich innerlich losließ und wie ganz allmählich eine innere Gelassenheit zurückkehrte. Andreas ist einfach klasse! (Lediglich das mit der Praline sehe ich nach wie vor anders – aber das sage ich ihm nicht.)

Streng dich weniger an

Was tun Sie, wenn es Schwierigkeiten gibt? Wenn die Dinge nicht so laufen, wie Sie sich das vorgestellt haben? Wenn es Probleme gibt oder wenn neue Herausforderungen auftauchen? Meine natürliche Reaktion auf Schwierigkeiten besteht darin, dass ich mich *mehr* anstrenge, um sie zu meistern.

Eine Aufgabe ist größer, als ich gedacht hatte? Dann tue ich mehr, um sie zu bewältigen. Ein Berg ist steiler, als ich erwartet hatte? Dann beiße ich die Zähne zusammen und versuche, noch mehr Kraft zu mobilisieren. Eine Situation erweist sich als wesentlich komplexer, als ich mir vorgestellt hatte? Dann denke ich mehr und intensiver nach und suche umso entschlossener nach Lösungswegen.

Und das gilt auch für meinen Glauben: Ich habe geistlich gesehen einen Durchhänger? Dann muss ich eben noch mehr Übungen machen, muss mich noch mehr anstrengen, um das in den Griff zu bekommen. Vielleicht sollte ich noch eine Konferenz besuchen, noch ein Buch lesen, noch eine Übung hinzufügen, noch einen Bibeltext auswendig lernen.

Um es ganz klar zu sagen: Es gibt Situationen, in denen das durchaus hilft und in denen „sich mehr anstrengen" der richtige Weg ist. Manchmal bringt mich diese Einstellung auch wirklich durch ein Motivationstal, ich bekomme neue Kraft, und Durchhalten ist genau der richtige Ansatz! Von Andreas habe ich aber gelernt, dass das nicht immer der Fall ist! Manchmal ist es besser, das genaue Gegenteil zu tun. Und dies ist besonders bei der Suche nach einem ausgewogenen Lebensrhythmus der Fall. Sich mehr anzustrengen hilft hier oft nicht weiter, sondern führt im Gegenteil dazu, dass man verkrampft – und dann läuft auf längere Sicht gar nichts mehr.

Mittlerweile haben wir beim Laufen schon ganz stattliche Steigungen überwunden. Steigungen, die ich früher nur gehend überwinden konnte, kann ich heute joggen – und wissen Sie, warum?

Weil ich von Andreas gelernt habe, das Tempo zu reduzieren. Wenn er merkt, dass mir die Puste ausgeht, dann erwähnt er immer gleich den alten Mann an meiner Seite und dass ich doch bitte Rücksicht nehmen solle. Dies ist seine wundervolle Art, auf meine Schwäche zu reagieren. Also drosseln wir das Tempo, bis ich wieder einen guten Atemrhythmus habe. Wir sehen dabei zwar manchmal so aus, als würden wir die Super-Slow-Motion unseres eigenen Laufes pantomimisch darstellen, aber was soll's. Es hat wirklich geholfen. Das Tempo zu reduzieren und die Anstrengung zurückzufahren halfen mir, beim Laufen in meinen Rhythmus zurückzufinden.

Das Gleiche gilt für den Bereich der geistlichen Übungen.

Wenn es schwierig wird, ist die Versuchung groß, sich mehr anzustrengen. Mehr Zeit zu investieren. Mehr Energie aufzubringen. Mehr in der Bibel zu lesen. Mehr zu beten. Mehr die Stille zu suchen. Noch regelmäßiger kleine Übungen zu machen. Aber oft ist das einzige Resultat, das sich dann bei diesem Verhalten einstellt, Krampf und Müdigkeit und nicht Fortschritt.

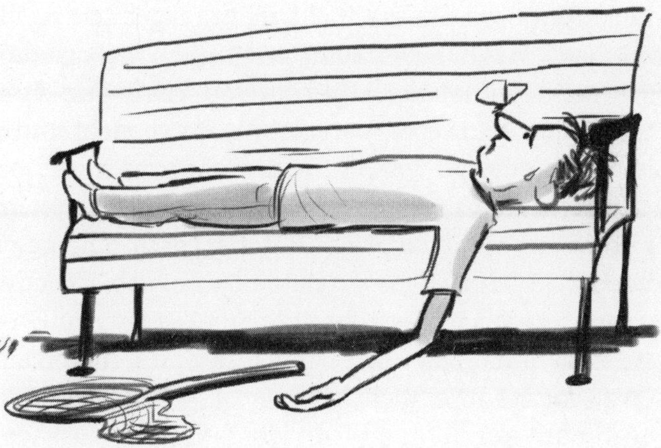

Wenn wir uns beim Üben festfahren, dann sollten wir nicht den Druck erhöhen, sondern rausnehmen und uns ganz ehrlich fragen: „Wie viel kann ich zurzeit wirklich schaffen? Was kann ich jetzt mit Freude tun?" Das ist eine ganz wesentliche Frage, denn Freude ist auch ein wesentlicher Faktor dabei. Ohne Freude werden Sie sich festfahren.

Wenn Ihnen die Übungen nicht mehr guttun, dann praktizieren Sie diese einfach weniger oder lassen Sie sie ganz sein. Oftmals wollen wir zu viel auf einmal. Wir stürzen uns mit Begeisterung und Elan in ein Trainingsprogramm und wollen rausholen, was rauszuholen ist. Aber das fördert nicht unbedingt die Entwicklung eines gesunden Rhythmus. Unser Leben ist schon herausfordernd genug und stellt so manche Anforderung an uns. ***Ein guter Rhythmus soll helfen und nicht belasten.***

Schaffen Sie es heute nicht mehr, Tagebuch zu führen? Dann lassen Sie es sein. Und fühlen Sie sich dafür bitte nicht schuldig! Sie bekommen keine Punkte für Vollständigkeit. Diese Übung ist für Sie gedacht und für niemand anders.

Während ich dieses Buch schrieb, fiel mir zweimal hintereinander abends im Bett ein, dass ich meinen Abendabschluss vergessen hatte. Einfach so. Irgendwie war ich so sehr in das Schreiben über geistliche Übungen eingetaucht, dass ich vergessen hatte, meine eigenen zu machen. Peinlich, ist aber so!

Am nächsten Morgen trug ich dann allen Ernstes in meinem Abendabschluss-Buch die beiden Abende nach, bis ich plötzlich dachte: *Jörg, jetzt wirst du seltsam! Warum trägst du die Tage nach? Du musst dieses Buch nirgendwo vorzeigen! Niemand wird es auf Vollständigkeit überprüfen! Also lass es!*

Sollten Sie einmal etwas vergessen, dann freuen Sie sich! Es zeigt, dass Sie noch am Leben sind! Jeder gute Rhythmus hat auch einmal einen Aussetzer. In jedem Training gibt es Phasen, in denen es einmal nicht so gut läuft. Bei jeder Übung gibt es einmal Durststrecken. Manchmal ist es natürlich sinnvoll, dennoch am Ball zu bleiben und diese kleine Strecke durchzuhalten. Aber genauso wichtig ist es, dass die Übungen Spaß machen und dem Leben dienen. Sonst werden wir niemals dranbleiben.

Nach dreimal Schlucken auftauchen!

Vor vielen Jahren hatte ich ein paar Stunden Tauchunterricht. Dazu gehörte auch eine Übung, bei der man ohne Flasche Langstrecke tauchen sollte. Wir waren dazu im Schwimmbad, hatten zwei abgespannte Bahnen zur Verfügung und konnten dort trainieren.

„Okay, wagen wir uns mal an die fünfzig Meter", sagte Erna, unsere Tauchlehrerin. Sie war Anfang fünfzig, hatte einen tollen Humor, und wir hatten schon einiges von ihr gelernt. Diesmal brachen aber meine Kumpels und ich pflichtbewusst in lautes Gelächter aus, weil wir ihre Ansage für einen Witz hielten. Niemand von uns war jemals so weit getaucht. Fünfzig Meter – das war eine Bahn hin und wieder zurück, ohne aufzutauchen. Das musste ein Witz sein – todsicher!

Aber Erna blickte uns nur ungerührt an, holte Luft und tauchte. Fünfundzwanzig Meter hin und wieder zurück – ohne aufzutauchen. Hatte ich schon erwähnt, dass sie Anfang fünfzig war? Meine Kumpels und ich waren zwischen sechzehn und achtzehn – und zutiefst geschockt über diese Demonstration von Stärke.

Als Erna schnaufend wieder auftauchte und wissen wollte, wer der Nächste sei, schauten wir uns alle betreten an. Das konnten wir doch nicht auf uns sitzen lassen. Andererseits ...

Und dann sagte Erna einen wichtigen Satz: „Eines solltet ihr niemals vergessen: nach dreimal Schlucken auftauchen! Übertreibt es nicht."

Beim Tauchen kann man, wenn die Luft langsam knapp wird, durch eine Schluckbewegung den Atemreflex für einen Moment zurückdrängen – und so schafft man es ein paar Meter weiter. Das geht aber nicht unbegrenzt. Also: nach dreimal Schlucken in jedem Fall auftauchen, sonst verliert man da unten plötzlich das Bewusstsein.

Bis heute begleitet mich diese Weisung, denn sie hat sich auch schon in vielen anderen Situationen bewährt. Es gibt Situationen, in denen ich schlucken muss – Ärger herunterschlucken oder Frust, Müdigkeit oder Stress. Das Schlucken bringt mich einen Moment lang weiter. Aber ich darf den Bogen nicht überspannen. Spätestens nach dreimal Schlucken sollte ich die Strategie wechseln, denn wenn ich immer nur die Zähne zusammenbeiße, bringt mich das auf Dauer nicht weiter.

Teil 4

Das Ziel

Kapitel 13

Ewigkeit im Augenblick – die tägliche Gegenwart Jesu in unserem Leben

In jeder wachen Stunde wird um uns herum
ein heiliges Theaterstück inszeniert vor Zuschauern,
die überwiegend blind sind.
Robin Myers

Trachtet zuerst nach dem Reich Gottes,
so wird euch alles andere zufallen.
Matthäus 6,33 (Luther)

Jesus hat den Menschen verkündet, dass das Reich Gottes nah ist.[62] Sich nach diesem Reich auszustrecken bedeutet, wahres Leben zu finden. Menschen, die Christus vertrauen, leben bereits in diesem Reich – was aber nicht bedeutet, dass sie sich dessen immer auch bewusst sind.

Das Reich Gottes, die Herrschaft seiner Liebe, seines Friedens, seiner Kraft und Freude, steht allen offen, die sich nach diesem Reich ausstrecken. Das Reich ist keine ferne, fremde Realität. Es ist uns nah – es liegt ganz dicht bei uns. Das war die gute Nachricht, die Jesus den Menschen verkündet hat: Gott ist uns näher, als wir oft denken. Und mit ihm das, was wir uns im Leben zutiefst ersehnen: Liebe, Anerkennung, Freundschaft,

Wertschätzung, Sinn, Hoffnung und Frieden. All das ist zum Greifen nah.

Gleichzeitig will das Reich Gottes auch gesucht werden. Es ist keine offensichtliche, sondern eine verborgene Größe. Und das erfordert, dass wir zu Suchenden werden. Wer sich nicht auf die Suche macht, hat auch keine Chance, etwas zu finden. Wer keine Fragen stellt, wird auch keine Antworten erhalten. Darum ist es sinnvoll, zuallererst dieses Reich zu suchen und dieses Reich zu unserem wichtigsten Anliegen zu machen.

Die Übungen, die ich in diesem Buch beschrieben habe, zielen letztlich alle auf das gleiche Ergebnis ab: Sie sollen uns helfen, unser Leben auf das Reich Gottes auszurichten. Sie sollen dazu dienen, dass wir uns mehr und mehr bewusst werden, dass Gott uns nah ist – und mit ihm Kraft und Frieden, Trost und Freude, Zuversicht und Hoffnung, Weisheit und Vergebung und Liebe. Das bedeutet: Nicht Rhythmus sollte oberste Priorität für uns haben, sondern das Reich Gottes. Rhythmus hilft uns nur, immer wieder bewusst in diesem Reich zu leben und uns auf die Gesetzmäßigkeiten auszurichten, die in diesem Reich gelten. Es geht nicht in letzter Konsequenz um Tagebuchschreiben oder Klostertage oder Bibellesen. Es geht um die Nähe Gottes. Es geht um das Leben in seiner Gegenwart. Es geht darum, in jedem Augenblick und in jedem Atemzug Jesus nah zu sein. Das gesamte Leben von seiner Nähe durchdringen zu lassen.

Wenn ich die Dinge laufen lasse, dann drifte ich gedanklich immer wieder ab, und ich stelle am Ende eines Tages manchmal fest, wie beschämend wenig ich mir der Gegenwart Jesu bewusst gewesen bin. Ich habe seine liebevolle Nähe einfach übersehen. Ich habe seine Kraft und seinen Frieden nicht in Anspruch genommen, obwohl sie mir zur Verfügung gestanden hätten. Stattdessen habe ich den Sorgen das Feld überlassen, den Ängsten, meiner kleinkarierten Ichbezogenheit oder der dunklen Seite meiner Seele. Also suche ich nach einem Lebensstil, nach einem geistlichen Rhythmus, der mir hilft, während des Tages immer wieder bewusst in die Gegenwart Gottes einzutauchen – weil in dieser Gegenwart die beste Version meiner selbst herausgerufen wird und ans Tageslicht tritt. Und weil ich in dieser Gegenwart all das finde, was ich zutiefst ersehne.

Daher geht es am Ende dieses Buches noch einmal um die Frage: ***Wie kann ich im Leben immer mehr bewusst in der Gegenwart Jesu leben?***

Ich weiß nicht, aus welchem Blickwinkel Sie Ihr Leben betrachten und welche Deutungsmuster Sie benutzen. Ich weiß nicht, was Ihren Alltag bestimmt und welches Lebensgefühl Sie haben. Aber ich glaube heute mehr denn je, dass das Leben eines jeden Menschen in einen größeren Zusammenhang eingebettet ist und dass es enorm wichtig ist, zu verstehen, wie dieser Zusammenhang aussieht.

Ewigkeit im Augenblick

Vor etwa zweihundert Jahren schrieb ein französischer Mönch namens Jean-Pierre de Caussade ein Buch mit dem Titel „Ewigkeit im Augenblick“[63]. Caussade geht darin der Frage nach, was die Menschen damals in Bethlehem eigentlich gesehen haben, als Maria und Josef in die Stadt kamen.

Die Einwohner von Bethlehem sahen etwas völlig Profanes und Alltägliches. Sie sahen ein junges Pärchen inmitten der Wirren einer Volkszählung. Sie sahen eine schwangere Frau, die ihr Kind unter hygienisch höchst bedenklichen Bedingungen zur Welt brachte. Es ist ein Wunder, dass Maria nicht schon im Kindbett an einer Infektion starb, was damals nicht selten vorkam. Die Menschen in Betlehem sahen nichts Außergewöhnliches. Überall wurden Kinder geboren. Überall gab es arme Leute, die unterwegs waren. Überall gab es Menschen, die nach einer Bleibe suchten. Die Menschen in Bethlehem sahen zwar Maria und Josef, aber sie sahen nur die profane Oberfläche der Geschichte. Und nichts daran erregte ihre Aufmerksamkeit.

Wir dagegen sehen heute diese Geschichte völlig anders. Wir sehen weit mehr als die Menschen damals in Bethlehem. Wir sehen Gott am Werk. Wir sehen den Schöpfer des Universums, der mit seinem ewigen Heilsplan unsere Welt durchdringt und der mit diesem Paar, mit diesem Kind unsere gesamte Weltgeschichte in zwei Teile teilt. Wir sehen, wie das Heil Gottes in diesem Kind auf die Welt kommt. Und wir entdecken einen zugrunde liegenden Plan, einen gnädigen, gütigen Gott, der sein Heil mit dieser Welt vorantreibt und der ein völlig neues Kapitel in seiner Geschichte mit uns aufschlägt.

Was den Menschen in Bethlehem damals verborgen war, weil sie nichts oder zu wenig über diesen Gott wussten, ist für uns offensichtlich. Wir sehen tiefer, weil wir Gottes Wesen, Gottes Plan und seine Geschichte kennen. Wir sehen das Wunder, das sich in Dreck und Schmutz hüllt. Wir sehen das Heil, das sich in Marias Geburtsschmerzen verbirgt. Wir sehen absolute Macht, die sich im hilflosen Weinen eines Neugeborenen versteckt. Wir sehen Gott, der Mensch wird. Wir sehen tiefer, weil wir um Gott in dieser Geschichte wissen. Und so bekommen die Ereignisse in Bethlehem für uns eine völlig andere, tiefere und heilvolle Bedeutung.

Dann stellt Caussade eine interessante Frage: Wenn Sie nun Ihr Leben betrachten – was sehen Sie? Geht es Ihnen wie den Menschen in Bethlehem? Sehen Sie nur die Oberfläche? Das Profane? Sehen Sie die Probleme, die Schwierigkeiten, das fehlende Geld, den Verlust des Jobs oder die schwierigen Familienmitglieder? Sehen Sie den Ärger am Arbeitsplatz oder die nervenden Menschen in der Gemeinde? Sehen Sie die Beeinträchtigung der Gesundheit, den Verlust der Träume oder die Not – und ist dies alles, was Sie sehen?

Oder sehen Sie mehr? Sehen Sie die Geschichte, die sich unter der Oberfläche verbirgt – sehen Sie Gott in Aktion? Sehen Sie, wie Gott seine Heilsgeschichte in Ihr Leben hineinschreibt? Wie er jeden Augenblick Ihres Lebens kreativ zusammenfügt? Wie er jede Begegnung, jedes Ereignis kunstvoll orchestriert, um Ihre persönliche Heilsgeschichte voranzubringen? Sehen Sie einen Gott, der mit Ihrem Leben ein Meisterwerk schafft?

Wer so auf sein Leben blickt, für den wird das eigene Leben plötzlich zu einer Bühne für Gottes Heilshandeln.

Und wer danach Ausschau hält, der entdeckt, dass jeder Moment unseres Lebens die Möglichkeit beinhaltet, Gott zu begegnen. In jedem Augenblick wohnt die Ewigkeit inne.

Wir können Gott in jedem Augenblick unseres Lebens entdecken. Gott, der uns versorgt mit Essen. Gott, der uns beschenkt mit einem Sonnenuntergang. Der uns die Luft gibt zum Atmen. Einen Körper, der funktioniert. Gott, der uns zum Wachsen herausfordert durch einen problematischen Menschen. Gott, der uns wachsen lässt durch eine schmerzvolle Erfahrung. Gott, der uns tröstend zur Seite steht in tiefer Not und Verzweiflung. Gott, der uns Freude schenkt durch das Leuchten der Blätter im Herbst. In ihm leben, weben und sind wir, sagt der Apostel Paulus.[64]

Jeder Moment unseres Lebens birgt die Chance in sich, Gott zu begegnen. Jeder Augenblick kann gefüllt sein mit seiner liebenden Gegenwart, mit seiner Weisheit und seinem Plan.

Wenn er uns tröstet, wenn er uns Aufgaben anvertraut, wenn er uns schweigend liebt – jeder Moment birgt das Potenzial in sich, dem lebendigen Gott zu begegnen.

Ein Apfel im Zug

Ich weiß noch, wie ich diese Überlegungen das erste Mal gelesen habe und von dieser völlig anderen Sicht auf mein Leben gepackt wurde. Ich saß in einem Zugabteil, war auf dem Weg zu einem Seminar in Augsburg und nutzte die Reisezeit zum Lesen. Der Gedanke, Gott in jedem Augenblick meines Lebens zu entdecken, hatte mich so gepackt, dass ich ganz aufgeregt wurde.

Wie würde mein Leben aussehen, wenn ich diesen Gedanken wirklich ernst nahm? Wie würde sich meine Perspektive verändern, wenn ich begann, in diesem Bewusstsein durchs Leben zu gehen – dass jeder Moment die Chance in sich trägt, Gott zu begegnen?

Während ich darüber nachdachte, bekam ich Hunger und holte einen Apfel aus meinem Rucksack, den ich mir am Morgen schnell noch eingesteckt hatte.

Dies war die Gelegenheit, meine neue Erkenntnis sofort in der Praxis auszuprobieren. Ich betrachtete den Apfel und dachte einen Moment darüber nach, was dieser Apfel über Gott aussagte. Mir fiel erst einmal nicht viel ein! Okay, als Theologe hat man eine gewisse Affinität zum Apfel – und sei es nur, um den Besserwisserbonus einzustreichen und der Welt mitzuteilen, dass es gar kein Apfel war, sondern dass in der Paradiesgeschichte nur von „Frucht" die Rede ist.[65] Weil mir so recht nichts einfallen wollte, begann ich, den Apfel gründlich zu betrachten. Ich *sah* den Apfel. Und er sah lecker aus. Er glänzte. Er wirkte saftig. Er war prall. Das Grün leuchtete. An einer Stelle hatte er leichte Sprenkel, fast wie Sommersprossen. Er wog recht schwer in meiner Hand und strahlte etwas Frisches aus. Ich glaube, ich habe noch nie so lange auf einen Apfel gestarrt. Zumindest so lange, bis mir klar wurde, dass die Mitreisenden im Zugabteil anfingen, mir irritierte Blicke zuzuwerfen. Als ich so dasaß und den Apfel betrachtete, wurde mir bewusst, wie oft ich in meinem Leben Essen einfach so in Gedanken in mich hineinstopfe, ohne es mir richtig anzuschauen. Häufig bin ich während des Essens mit anderen Dingen beschäftigt und verpasse dabei diesen Anblick – den Anblick eines von Gott geschaffenen, wundervollen Kunstwerkes.

Je länger ich den Apfel betrachtete, desto mehr fiel mir dazu ein. Gott hatte diesen Apfel wachsen lassen, und dazu hatte er sich ein ganzes Jahr Zeit genommen. Aus einem Baum ohne Blätter wuchsen im Frühjahr die ersten Knospen. Zart und zerbrechlich brachen diese Knospen auf und es bildeten sich die ersten Blüten. Zartrosa und weiß leuchtete der ganze Baum und zog Bienen an. Diese übernahmen den Job der Bestäubung, damit sich eine Frucht bilden konnte. Und diese Frucht war gewachsen. Sie hatte Sonne, Regen und Nährstoffe aus dem Boden – und Zeit zu wachsen.

Irgendwann war der Apfel reif zur Ernte. Und jemand hatte ihn gepflückt. Hatte ihn verpackt. Hatte ihn transportiert und zum Großmarkt gefahren. Dort wurde er zusammen mit vielen anderen Äpfeln gekauft, und so landete er schließlich in der Hand des Menschen, der ihn in unserem Supermarkt in die Obsttheke eingeräumt hatte. Und nun hielt ich das gute Stück in der Hand. Dieser Apfel war ein Kunstwerk.

Aber Kunst hin oder her – ich hatte Hunger. Also biss ich hinein. Bewusst. Langsam. Spürte das Knacken der Schale. Fühlte das Spritzen von Saft in meinem Mund. Schmeckte den süßen, fruchtigen Saft ... und sah die Erleichterung in den Blicken meiner Mitreisenden. Während ich mit vollen Backen kaute, musste ich daran denken, wie sehr sich das Essen des Apfels an diesem Tag von meinen üblichen Erfahrungen damit unterschied. Und ich dachte: *Man kann einen Apfel einfach so essen. Oder man kann ihn essen, wie Gott sich das Essen eines Apfels gedacht hat! Mit Freude, Aufmerksamkeit und*

Dankbarkeit. Diesmal war ich wesentlich näher am Zweiten dran.

Ich glaube, ich habe in meinem Leben noch nie einen Apfel mit einem solchen Genuss gegessen. Und das lag am guten Geschmack, aber vor allem auch an dem tiefen Gefühl von Freude und Dankbarkeit für das, was Gott mir mit diesem Apfel schenkte.

Ich kaute und mampfte fröhlich vor mich hin. Das war eine neue Qualität. Ewigkeit im Augenblick. Ich hatte eine Entdeckung gemacht. Ich hatte etwas begriffen, und das Ganze fühlte sich richtig gut an. Der Zug hielt einen Moment und ich freute mich über meinen Fund.

Das werde ich jetzt immer tun, dachte ich. *Ich werde in jedem Augenblick nach Gott Ausschau halten. Ich werde mein Leben mit Freude und Dankbarkeit führen.* Ich hatte gerade einen geistlichen Durchbruch. Stolz dachte ich: *Ich bin gewachsen! Herr, du hast mich etwas Wesentliches erkennen lassen. Danke!*

Aber das war noch nicht alles, was ich erkennen sollte! Auf mich wartete noch eine weitere Entdeckung. Diese machte ich, als der Zug langsam wieder anrollte und ich auf beiden Backen kauend das Ortsschild des Bahnhofs las, den wir gerade verließen.

Augsburg.

Ich hatte gerade meinen Ausstieg verpasst!

Schlagartig hörte ich auf zu kauen. Innerhalb von Millisekunden kippte meine gerade tief empfundene Dankbarkeit und schlug in Zeter und Mordio um!

Herr, wieso muss mir ausgerechnet jetzt so was Blödes passieren? Da sitze ich hier und habe eine echte Offenbarung, und nun das. Jetzt muss ich bis München weiterfahren. Und dann den ganzen Weg wieder zurück. Ich komme zu spät zu meinem Seminar. Und das alles nur wegen dieses blöden Apfels.

Eben noch spiritueller Riese, nun plötzlich jammernder, zeternder Zwerg!

Aber halt! War ich nicht gerade angetreten, Gott in jedem Augenblick meines Lebens suchen zu wollen? Was mache ich mit so einem Moment? War das ein Moment, in dem Gott nicht gegenwärtig war? Wenn ich es vermasselt hatte? Wenn ich nicht aufmerksam genug war? Wenn mir Dinge passierten, die ungerecht oder einfach nur nervtötend waren?

Dies war die nächste Lektion, die ich lernen musste: Gott begegnet mir nicht nur in den schönen Dingen. Er ist durchaus auch in den Herausforderungen zu finden. Wenn ich es vermasselt habe. Wenn sich Probleme einstellen. Wenn Schwierigkeiten auftreten. Auch dann stellt sich die Frage: Was bedeutet das? Gibt es eine Möglichkeit, Gott in diesen Dingen zu begegnen? Kann ich eine Herausforderung annehmen – weil sie meinen Charakter formt oder meine Geduld trainiert? Kann ich ein Problem akzeptieren, weil es mein Tempo verlangsamt und mir hilft, nicht zu oberflächlich unterwegs zu sein? Kann ich Gott auch in den schwierigen Situationen entdecken?

Mein innerliches Gezeter kam etwas zur Ruhe und ich fragte: „Herr, was gibst du mir damit zu verstehen? Kann ich glauben, dass du mir aus dieser Patsche heraushilfst?

Oder dass du mir zumindest darin beistehst? Kann ich daraus etwas lernen?"

In diesem Augenblick war es mir, als würde Gott grinsend sagen: „Hey, nimm dich nicht so ernst! Du hast gerade etwas begriffen, und das ist klasse. Aber du hast noch viel, noch sehr viel mehr zu lernen. Vertrau mir!"

„Na gut! Und wie komme ich jetzt zurück zu meinem Seminar?"

Keine Antwort!

Im Zug erkundigte ich mich beim Schaffner nach einer Rückfahrt, aber er machte mir wenig Hoffnung. Der Zug in die Gegenrichtung verließ den Bahnhof, zehn Minuten bevor wir ihn erreichten. Und der nächste Zug ging wiederum eine Stunde später.

Und dann fügte er erklärend hinzu: „Normalerweise fahren die Leute ja nicht hin und her!"

„Nein, da haben Sie recht. Das machen nur Trottel wie ich!"

Eine Stunde warten – oh Mann! „Gott, was wird jetzt aus meinem Seminar?"

Und wieder kam die Antwort in Form einer Gegenfrage: „Vertraust du mir?"

Als ich in München ankam und zu dem Gleis ging, von dem aus ich zurückfahren sollte, stand dort ein Zug! Es war der nach Augsburg. Er hatte Verspätung. Ich konnte es erst gar nicht glauben. War dies wirklich der Zug, den ich brauchte? Er war es. Während ich innerlich kopfschüttelnd verarbeitete, was mir da gerade passiert war, kam es mir so vor, als würde sich ein breites Grinsen über den Himmel ausbreiten. So kam ich nur ein wenig zu spät zu meinem Seminar, und da noch andere Referenten mitwirkten, war das auch kein Drama.

Doch bis heute wirkt sich dieses Erlebnis aus. Meine Sicht auf mein Leben hat sich verändert.

Jeder Augenblick meines Lebens bietet mir die Gelegenheit, Gott zu begegnen. Ihn zu sehen. Von ihm zu lernen. Aus seiner Nähe Kraft zu schöpfen und mit seiner Weisheit zu leben.

Dies ist bei der Suche nach einem guten Rhythmus vielleicht der wichtigste Gedanke überhaupt: Gott bietet uns an, in jedem Augenblick unseres Lebens gegenwärtig zu sein. Er bietet uns an, uns anzuleiten, unser Partner und Freund zu sein, der uns anfeuert, der uns trainiert, der uns unterstützt, der uns Aufgaben vor die Füße legt, die uns wachsen lassen. Er bietet uns Kraft an, Durchhaltevermögen und die nötigen Impulse, die wir brauchen. Wenn wir auf der Suche nach einem ausgewogenen Lebensrhythmus sind, haben wir einen mächtigen Verbündeten. Es ist der Erfinder des Rhythmus höchstpersönlich. Jeder Moment birgt die Möglichkeit, diesem Gott zu begegnen. Der unsere persönliche Heilsgeschichte in den Alltag unseres Lebens hineinwebt. Der unter der Oberfläche unserer alltäglichen und normalen Erlebnisse ein Leben orchestriert, das mit uns gemeinsam Schritt für Schritt auf ein wunderbares Ziel hinausläuft.

„Ich hab's an den Augen, nicht an den Beinen"

Zum Schluss möchte ich Sie noch einmal an meinen blinden Freund Andreas erinnern.

Er leistet heute Außergewöhnliches – und dazu hat ein guter Rhythmus maßgeblich beigetragen. Die tägliche Übung hat in seinem Leben eine enorme Kraft freigesetzt. Aber es gibt noch eine weitere Sache, die Andreas ebenfalls sehr geholfen hat, und das ist seine bedingungslos positive Einstellung. Andreas hätte aufgrund seiner Behinderung allen Grund gehabt, es sich in der Rolle des Opfers bequem zu machen. Sein Leben von der Einschränkung bestimmen zu lassen und so der „arme Blinde zu werden, der ja nichts mehr kann"! Stattdessen hat er sich aber auf das konzentriert, was möglich ist, was noch geht. Seit unserer ersten Begegnung geht mir ein Satz nicht aus dem Kopf: „Ich hab's an den Augen, nicht an den Beinen!" Dieser Satz ist unglaublich stark, denn er macht deutlich, dass nicht das Defizit unser Leben bestimmen muss, sondern dass uns immer noch eine andere Möglichkeit offensteht.

Was würde passieren, wenn wir uns in unserem Leben von dem bestimmen lassen, was möglich ist, anstatt ängstlich auf das zu starren, was nicht möglich ist? Was würde geschehen, wenn wir vertrauensvoll und mit großer Entschlossenheit das anpacken, was wir tun können, anstatt uns von dem lähmen zu lassen, was wir nicht tun können?

Andreas sagt: „Ich kann nicht sehen, aber laufen kann ich. Also laufe ich." Wer so denkt, der hält nach Möglichkeiten Ausschau, wo andere nur Hindernisse sehen. Wer so denkt, der sucht nach Chancen, wo andere Krisen wittern. Wer so denkt, der schreitet mutig voran, wo andere sich ängstlich zurückziehen. Es ist immer noch etwas möglich. Die Rolle des Opfers ist keine Option.

Denken Sie bei all Ihren Versuchen, Ihrem Leben einen ausgewogenen Rhythmus zu geben, an Andreas! Denken Sie an die Kraft des blinden Joggers!

Anmerkungen

[1] Zitat aus dem Gedicht „Stufen“ von Hermann Hesse aus „Das Lied des Lebens. Die schönsten Gedichte von Hermann Hesse“. Berlin: Suhrkamp Verlag, 1986.

[2] 1. Korinther 9,24 (Gute Nachricht)

[3] Henri J. M. Nouwen: Das letzte Tagebuch. Freiburg im Breisgau: Herder Verlag, 2000.

[4] Vgl. Dietrich Bonhoeffer: Widerstand und Ergebung. München: Christian Kaiser Verlag, 1962.

[5] Dallas Willard: Das Geheimnis geistlichen Wachstums. Asslar: Gerth Medien, 2002. Das Buch ist für mich zu einer der wesentlichsten Quellen und zum Impulsgeber meines Denkens geworden. Ich empfehle es sehr, wie eigentlich alle Schriften von Dallas Willard.

[6] Bruder Lorenz: Alle meine Gedanken sind bei dir. In Gottes Gegenwart leben. Schwarzenfeld: Neufeld Verlag, 2007.

[7] Ebd.

[8] Galater 5,1 (Luther)

[9] 1. Mose 1,3–5 (Luther)

[10] 1. Mose 8,22 (Gute Nachricht)

[11] 1. Mose 2,2–3

[12] Vgl. Jesaja 40,28: „Er wird nicht müde, seine Kraft lässt nicht nach“ (Gute Nachricht), oder auch Psalm 121,4.

[13] Vergleiche etwa die Ergebnisse zum Thema „Biorhythmus“ unter http://www.planet-wissen.de/

alltag_gesundheit/biorhythmus/zeitrhythmus_des_menschen/index.jsp (Zugriff am 05.10.2010).

14 2. Mose 16,4–5 (Gute Nachricht)

15 Psalm 103,2 (Luther)

16 Dies ist nach Galater 5,22 die Frucht des Heiligen Geistes.

17 Emmanuel Jungclaussen (Hrsg): Von der Leichtigkeit, Gott zu finden. Das innere Gebet der Madame Guyon. Schwarzenfeld: Neufeld Verlag, 2009.

18 Wulf-Parker-Watkinson-Syndrom

19 Bruder Lorenz: Alle meine Gedanken sind bei dir. A. a. O.

20 Ebd.

21 Vgl. Christian A. Schwarz: Anleitung für christliche Lebenskünstler. Glashütten: C & P Verlag, 1996, S. 87.

22 James Bryan Smith: The Good and Beautiful God. Falling in love with the God Jesus knows. Downers Grove: IVP, 2009, S. 128 ff.

23 Vgl. John Ortberg: Abenteuer Alltag. Ein ganz normaler Tag mit Jesus, Kapitel 7: „Ihr Lebenstempo". Asslar: Gerth Medien, 2003.

24 John Ortberg: Abenteuer Alltag. Ein ganz normaler Tag mit Jesus. Asslar: Gerth Medien, 2003.

25 Nach dem amerikanischen „Journaling" – ein geistliches Tagebuch führen.

26 Bill Hybels: Aufbruch zur Stille. Asslar: Gerth Medien, 2009 (Sonderausgabe).

27 Henri J. M. Nouwen: Leben hier und jetzt. Jahreslesebuch. Freiburg: Herder, 2000, S. 132.

[28] Elizabeth Barrett Browning: The Poetical Works. New York 1910.

[29] 1. Thessalonicher 5,18 (Luther)

[30] Auch wenn es im Original heißt: „Ich lasse mich dir, Heiliger Gott, und bitte dich ...“, ersetze ich diese Anrede durch das mir besser von den Lippen gehende „Herr“.

[31] Jörg Zink: „Ich lasse mich dir“, aus: Ders.: Wie wir beten können. © KREUZ Verlag in der Verlag Herder GmbH, Freiburg im Breisgau, 2008, S. 191.

[32] Benediktusregel 6,6

[33] Magnus Malm: Gott braucht keine Helden. Witten: SCM R. Brockhaus, 2008.

[34] 2. Mose 20,18–19 (Gute Nachricht)

[35] Vgl. 1. Johannes 4,17–18

[36] Jeremia 29,11 (Gute Nachricht)

[37] Johannes 15,11 (Gute Nachricht)

[38] Kolosser 3,15 (Gute Nachricht)

[39] Bruder Lorenz: Alle meine Gedanken sind bei dir. A. a. O.

[40] Emmanuel Jungclaussen (Hrsg): Von der Leichtigkeit, Gott zu finden. A. a. O.

[41] C. S. Lewis: Der innere Ring und andere Essays. Brunnen: Basel und Gießen, 1982, S. 33.

[42] 1. Mose 1,1 (Luther)

[43] 1. Mose 1,10.12.18.31

[44] John Ortberg: Ich – einzigartich. Asslar: Gerth Medien, 2010, S. 78.

[45] Vgl. Markus 6,31

[46] Bruder Lorenz: Alle meine Gedanken sind bei dir. A. a. O.

[47] Stand September 2010

[48] Vgl. dazu die Bücher von Greg Hawkins und Cally Parkinson mit den Titeln „prüfen“ und „wachsen“, beide erschienen bei Gerth Medien, Asslar.

[49] Matthäus 7,24–27 (Gute Nachricht)

[50] Matthäus 12,35 (Gute Nachricht)

[51] Psalm 1,2 (Gute Nachricht)

[52] Vgl. Richard Foster in dem Material „Komm in die Stille“. Asslar: Gerth Medien, 2009, oder auch Klaus-Günter Pache/Elke Werner: Stille. Witten: SCM R.Brockhaus, 2009.

[53] 1. Korinther 13,1–7 (Gute Nachricht)

[54] Vgl. 2. Korinther 3,2 f.

[55] Philipper 4,11–13 (Gute Nachricht)

[56] Matthäus 4,4 (Luther)

[57] Galater 5,22

[58] Römer 12,2 (Gute Nachricht)

[59] Dallas Willard: The Great Omission. Reclaiming Jesus's essential teaching on discipleship. San Francisco: HarperCollins, 2006.

[60] Vgl. Johannes 10,10 in unterschiedlichen Übersetzungen

[61] Bruder Lorenz: Alle meine Gedanken sind bei dir. A. a. O.

[62] Vgl. Markus 1,15

[63] Jean-Pierre de Caussade: Ewigkeit im Augenblick. Von der Hingabe an die göttliche Vorsehung. Freiburg: Herder, 1955. Das Buch ist leider auf Deutsch vergriffen.

[64] Vgl. Apostelgeschichte 17,28 (Luther)
[65] Vgl. 1. Mose 3

Literaturliste

Eine Auswahl von Büchern, die mich in Bezug auf das Thema besonders begleitet haben:

Barton, Ruth Haley: Sacret Rhythms – Arranging Our Lives for Spiritual Transformation. InterVarsity Press 2006

Bonhoeffer, Dietrich: Gemeinsames Leben. Chr. Kaiser Verlag 1986

Bonhoeffer, Dietrich: Nachfolge. Chr. Kaiser Verlag 1988

Bonhoeffer, Dietrich: Widerstand und Ergebung. Chr. Kaiser Verlag 1962

Chun-Min Kang, Joshua: Tief verwurzelt in Christus – Schritte zum Innehalten. Neufeld Verlag 2009

Deichgräber, Reinhard (Hrsg): Alle meine Gedanken sind bei dir – In Gottes Gegenwart leben. Neufeld Verlag 2007

Foster, Richard: Nachfolge feiern – Geistliche Übungen neu entdeckt. R. Brockhaus Verlag 1996

Jacobsen, Wayne & Coleman, Dave: Der Schrei der Wildgänse – Aufbrechen zu einem freien Leben in Christus jenseits von Religion und Tradition. GloryWorld-Medien 2007

Jungclaussen, Emmanuel (Hrsg): Von der Leichtigkeit, Gott zu finden – Das innere Gebet der Madame Guyon. Neufeld Verlag 2009

Merton, Thomas: Die Bibel öffnen – Ein Essay. Theologischer Verlag Zürich 2002

Merton, Thomas: Ein Tor zum Himmel ist überall – Inspirationen. Herder 2008

Merton, Thomas: Keiner ist eine Insel – Betrachtungen über die Liebe. Patmos Verlag 1994

Nouwen, Henri J. M.: Das letzte Tagebuch. Herder 2000

Nouwen, Henri J. M.: Dem vertrauen, der mich hält – Das Gebet ins Leben nehmen. Herder 2007

Nouwen, Henri J. M.: In Ihm das Leben finden. Herder 1982

Nouwen, Henri J. M.: Nach Hause finden – Wege zu einem erfüllten Leben. Herder 2004

Ortberg, John: Abenteuer Alltag – Ein ganz normaler Tag mit Jesus. Gerth Medien 2003

Ortberg, John: Ich – Einzigart*ich*, Gerth Medien 2010

Smith, James Bryan: The Good and Beautiful God – Falling in Love with the God Jesus knows. InterVarsity Press 2009

Smith, James Bryan: The Good and Beautiful Life – Putting on the Character of Christ. InterVarsity Press 2009

Willard, Dallas: Das Geheimnis geistlichen Wachstums. Gerth Medien 2002

Willard, Dallas: The Divine Conspiracy – Rediscovering our hidden Life in God. Harper Collins 1997

Willard, Dallas: The Great Omission – Reclaiming Jesus's essential Teachings on Discipleship. Harper Collins 2006